做有影响力的图书

父亲的格局决定家庭的方向
母亲的情绪决定家庭的温暖

周倩
— 著 —

中国致公出版社
China Zhigong Press

图书在版编目（CIP）数据

父亲的格局决定家庭的方向，母亲的情绪决定家庭的温暖 / 周倩著 . -- 北京：中国致公出版社，2019
 ISBN 978-7-5145-1536-7

Ⅰ. ①父… Ⅱ . ①周… Ⅲ . ①家庭教育 Ⅳ . ① G78

中国版本图书馆 CIP 数据核字（2019）第 236397 号

父亲的格局决定家庭的方向，母亲的情绪决定家庭的温暖
周　倩　著

出　　版	中国致公出版社
	（北京市朝阳区八里庄西里 100 号住邦 2000 大厦 1 号楼西区 21 层）
发　　行	中国致公出版社（010-66121708）
责任编辑	方　莹
印　　刷	三河市华晨印务有限公司
版　　次	2019 年 12 月第 1 版
印　　次	2019 年 12 月第 1 次印刷
开　　本	880mm×1230mm　1/32
印　　张	8
字　　数	133 千字
书　　号	ISBN 978-7-5145-1536-7
定　　价	42.00 元

（版权所有，盗版必究，举报电话：010-82259658）
（如发现印装质量问题，请寄本公司调换，电话：010-82259658）

序：父母的高度，是孩子的起跳点

前几年，一部名为《成绩单》的6分钟短片感动了万千家庭。片中描述的三个家庭，尽管家庭环境与经济条件不同，在孩子问题上，却拥有太多相似之处。

片中的家长，有县城餐馆老板，有都市白领，也有全职妈妈。尽管工作不同，阶层不同，但他们无一例外，把一切心血都奉献给了孩子，为了孩子的成长拼尽千般力气，为了孩子的未来忙忙碌碌到失去自我。

而一张成绩单，则如同从天而降的手雷，炸出了一场家庭战争，炸得每个人都焦头烂额。

饱经风霜的中年父亲，因为一张成绩单，火冒三丈地把孩子从网吧中揪出来；疲于奔命的都市白领，因为一张成绩单，把孩子书包里偷藏着的漫画书撕得粉碎；放弃事业的全职妈妈，因为一张成绩单，偷偷跟踪女儿继而发现女儿陷入早恋。

一张轻如飞絮的成绩单，却有着千钧之力，击碎了往日平静的假象,让家长们恍然发现:孩子早已脱控,父母却无能为力。

《成绩单》真实吗?无比真实!

而现实中的教育问题,远比短片更真实,也更残酷!

在家庭教育上,无数家长展现出相同的挣扎与疲惫,更有着相同的疑惑——作为家长,我们付出全部努力,为何没能让孩子长成理想中的模样?

先别急着苛责孩子,我们不妨反思:在对孩子提出种种要求时,我们自己做了什么?

在暴怒地指责孩子时,有没有想过:我期待孩子"发愤努力、积极进取"——没有实现,是否因为平日的自己也不够努力,不够进取?我希望孩子"格局远大、视野开阔"——化为泡影,是否因为我自己同样格局不够大,目光不够远?

我们希望孩子走得更远,看得更多,跳得更高,然而我们要知道:

父母的高度,是孩子的起跳点!

孩子未来的高度,由父母决定!

对于孩子的成长而言,父母的眼界左右孩子的格局,家庭的氛围影响孩子的心灵——原生家庭的教育是孩子一辈子的烙印。

在孩子的教育上,未雨绸缪远比亡羊补牢更重要!

杨绛先生在回忆幼年生活时说过几件小事:

四五岁时，杨绛发现母亲爱吃瓜子，于是细心剥了一堆瓜子，热切地捧到母亲面前。按照一般父母的做法，会象征性地吃一颗，剩下的都留给孩子吃。然而杨母看到女儿热切期盼的目光，郑重地收下这份"礼物"，当着杨绛的面开心地吃完了瓜子，并表扬她是个孝顺的孩子。

渐渐长大，杨绛发现父亲说话入情入理，出口成章，《申报》评论一篇接一篇，豪气冲天，掷地有声。她佩服又好奇，去向父亲请教秘诀，父亲说："哪有什么秘诀？多读书，读好书罢了。"而她的母亲在操持家务之余，得空便翻看古典文学与现代小说，读得津津有味。在父母的影响下，杨绛找来父母的藏书读，从此读书成迷，由淘气转向好学。

及至高中毕业，杨绛面对大学的专业选择左右为难，去请父亲给出意见，开明的父亲没有替她做出选择，而是告诉她"没什么不该学的。喜欢什么，就学什么"。父亲随即又告诉她，专业选择的目光应该长远，不要局限于眼前得失。当杨绛在两个专业里反复纠结、犹豫不定时，父亲又耐心与她一起分析，并给出客观建议。

杨绛先生经历的这几件小事，正让我们看到了父母在孩子成长中的巨大影响力。

在关乎孩子未来的重大选择上，父亲一方面以平等的朋友身份尊重孩子的选择，不强加意志给孩子；另一方面又以长辈身份引导孩子要目光远大，志存高远。正是父亲的格局，决定了孩子成长的方向，让孩子不断走向广阔而遥远的光明彼岸。

在孩子的日常生活中，母亲的行为让孩子感受到分享的乐趣；母亲的温柔让孩子感受到生命最初的爱与温暖；母亲的情绪让孩子拥有了阳光般的乐观、温暖，为生命涂抹出温暖的底色。

更重要的是，父母不训示孩子该如何做，而是通过自己的行动，让孩子在不知不觉中受到教育，从而启发孩子的学习兴趣与自觉性，培养孩子的上进心，引导孩子在阅读中完善自我，开阔眼界，提升格局。

父母的格局与高度决定了孩子生活的环境、接受的教育以及思想的启迪，由此决定孩子所能达到的高度。

经常听到人感慨：任何事业上的成功，都抵不上孩子教育的失败！

如果孩子小时候，在教育上我们与别的父母差一滴水的距离，等到孩子长大了，一滴水的差距就有可能变成一片海洋的差距。

父亲格局低下、眼界狭窄，孩子往往只能一辈子坐井观天、仰望他人。反之，父亲格局高远，孩子就容易视野开阔，见识广博，人情练达，气质卓越。

母亲情绪不稳、关爱不足,孩子往往一辈子缺乏安全感,很难给自己和他人幸福温暖。反之,母亲把理解、关爱、信任渗透在家庭生活的点滴中,家庭氛围就会温暖积极,家庭成员就会彼此关心、爱护,孩子就更乐观积极、幸福感更高。

家庭教育,就像一场接力跑。

父母只有跑好自己这一棒,孩子的那一棒才有更好的起点。

谨以此书送给所有的父母。让我们一起,送孩子走向更高的起点,遇见更美好的明天!

目 录

序：父母的高度，是孩子的起跳点

I 父亲的格局决定家庭的方向

1. 父亲的格局决定孩子的未来___003
2. 父亲的眼界改变孩子的世界___010
3. 父亲的远见成就孩子的梦想___015
4. 父亲的人格影响孩子的三观___021
5. 警惕畸形价值观的侵蚀___027
6. 父亲的韧性铸就孩子的坚毅___034
7. 别把挫折教育等同于苛责教育___040
8. 有趣的父亲比有钱的父亲更重要___046
9. 独立思考是孩子成长的第一步___052
10. 不要毁掉孩子的深度思考力___058
11. 与孩子一起自律___065
12. 让孩子学会承担责任___072
13. 给孩子制定规矩___078
14. 做孩子心中的"超级英雄"___084

II 母亲的情绪决定家庭的温度

1. 母亲的情绪影响孩子的一生___ 093
2. 与孩子一起做好情绪管理___ 099
3. 母亲的温暖给予孩子一生的安全感___ 107
4. 母亲的情商到底有多重要___ 113
5. 母亲的言行铸就孩子的同理心___ 119
6. 聪明的母亲不啰唆___ 126
7. 表扬比呵斥更有效___ 133
8. 生命教育给孩子涂上温暖的底色___ 139
9. 不避忌"死亡"才能更懂得"生命"___ 146
10. 孩子为什么会任性___ 153
11. 不要养出"妈宝"___ 160
12. 教会孩子感受幸福的能力___ 167

III 父母的行为，决定孩子的未来

1. 原生家庭对孩子的影响有多大___ 177
2. 和谐的夫妻关系铸就和谐的亲子关系___ 184
3. 什么是真正的"贵族式教养"___ 191
4. 熊孩子多半有个熊家长___ 197
5. 让孩子的兴趣学习真正出于兴趣爱好___ 203
6. 父母爱阅读，孩子爱阅读___ 210
7. 别让"成绩无用论"害了孩子___ 217
8. 唤醒孩子的学习内驱力___ 224
9. 提高孩子的学习效率___ 232
10. 别把父母的焦虑转嫁给孩子___ 238

父亲的格局，决定家庭的方向

1. 父亲的格局决定孩子的未来

曾国藩有一句名言:"谋大事者,首重格局。"

那么,什么是格局呢?

"格"是内心的定位,"局"是外在的表现。格局,展现了一个人思想的深度、眼界的宽度、境界的高度、胸怀的广度。

我们都有过这样的体验——当我们站在平地上,目光所及,不过眼前方寸之地;当我们站在山顶时,可以俯视广阔天地,一如杜甫所说"会当凌绝顶,一览众山小"。

格局就是这样,在不同的空间高度,我们会看到不同的景象,从而产生不同的感悟。因此,一个人的格局有多大,他的成就就有多高。放大格局,人生才有无限可能。

由于社会分工的不同,在一个家庭之中,父亲往往承担着"火车头"的职能,决定了家庭前进的方向。因此,父亲的眼光一定要远,格局一定要大,唯有如此,才能确保家庭的发展方向。

蒙田曾说:"作为一个父亲,最大的乐趣就在于:在有生之年,能够根据自己走过的路来启发教育子女。"

在孩子的成长过程中,父母是孩子最早接触、最早模仿的对象,也是对孩子影响最深、最大的人。父母的一言一行、一举一动都会投射在孩子身上,对孩子的人生产生巨大影响。孩子会情不自禁地模仿父母,拷贝父母的处世方式,将之视为人生的标准和榜样。

我曾见过这样一幕:一位父亲带着儿子上街的时候,正巧遇见超市门口有扫码送纸巾的活动。活动板上明确写着:每人限扫一次。这位父亲走过去,扫码后到活动区领了一包纸巾,然后把纸巾放进口袋里,又若无其事地走过去想重新扫码。工作人员看到了,走过来提醒他,这位父亲觉得颜面扫地跟工作人员争吵了起来,最后骂骂咧咧地带着孩子离开了。

这位父亲的行为教会孩子的不是节俭,而是贪小便宜。渐渐地,孩子看问题的角度越来越狭隘,为人处世越来越斤斤计较,眼里只有"钱",格局自然就越来越小。

一个有格局的父亲,内心气度宏大、胸怀宽广,如海纳百川;而格局低下的父亲,则会在不知不觉中摧毁着孩子的一生。

也许你会认为，上面这位父亲的行为根源是贫穷。但其实，一个人格局的大小，与其经济状况并没有必然联系。

取材于真实故事的美国经典影片《当幸福来敲门》就充分展现了一位贫穷父亲的伟大格局。

影片主人公克里斯遭遇了一连串重大打击。先是被公司裁员，继而与妻子离婚，没过多久又因长期欠交房租被房东赶出家门，因为无法缴纳滞纳金而被关入警局，最终只能带着儿子流落街头，接受政府救济，睡纸皮箱，甚至搬到公共卫生间。

尽管生活困难重重，克里斯从没有绝望也没有自暴自弃，更没有松懈对孩子的教育。他一面打散工赚钱，一面努力培养孩子乐观面对困境的态度。带儿子打篮球的时候，他对儿子说了这样一番话：

"别让别人告诉你，你成不了才。如果你有梦想，你就去捍卫它，那些一事无成的人总是告诉你，你也成不了大器。"

正是凭借这样的格局，克里斯得到了一份实习工作，成功被录用为股票经纪人。

克里斯的成功看似偶然，其实正是格局决定命运、心态决定未来的必然。而他在人生低谷中的不屈和顽强，不仅让孩子受益匪浅，更值得所有父母借鉴。用自己的行动，告诉所有家长——家庭教育最好的方式不是言传，更是身教。

人生就像一盘局，大大小小的事情一一划分，就像一个一个紧靠着的格子。这些细小的格子看似影响不大，其实每走一步，都会产生蝴蝶效应。当一件一件细小的行为填满所有小格子时，大棋盘的整体模样就会显现，一个人的格局也就显现出来了。

在家庭教育中，父亲就是引导孩子填格子的人。父亲的每一步行为都引导着孩子走向不同的格子，孩子的最终结局将会由父亲的格局来决定。

一位父亲若能拥有开阔的心胸，便不会因环境的不利而妄自菲薄，更不会因能力的不足而自暴自弃。就算他经济上并不宽裕，他也是一位拥有大格局的父亲，也将培养出大格局的孩子。而一位父亲若常常因生活的不如意而怨天尤人，因一点微小的挫折就一筹莫展，那他就是一位小格局的父亲，他的孩子也多半会成为碌碌无为之人。

在家庭生活中，父亲有大格局，就是在家庭遭遇困难或变故时，不退缩，能够顶住压力。父亲有大格局，就会认真规划家庭发展方向，引导所有家庭成员积极对待生活，乐观积极过好每一天。

一位父亲的格局是否宏大，除了能从他的日常行为中展现出来，还可以看他如何定义孩子的成功。

格局宏大、高瞻远瞩的父亲，对成功的定义不会只在意当下孩子的成绩，而是会看到孩子的未来将拥有怎样的能力和品格。

宾夕法尼亚大学医学院儿科教授 Kenneth Ginsburg 在演讲中说道：

"在教育孩子之前，我们可以先问问自己如何定义成功。成功包括好的教育、职业以维持生计。我相信，以上条件都大大地增强了一个人在社会上的生存能力，而且能在自己做的事情中找到意义和满足感。我们必须停止用孩子在十八岁时取得的成就来定义成功，比如说考取一所好大学就是成功，这种思维会毁了孩子在二三十、四五十岁获得成功的能力。"

缺少格局的短视家长往往会过分关注两件事：当下的快乐和成绩。

只看到孩子眼前快乐的家长，往往认为"孩子还小，只要高兴就好"，因而对孩子不做要求，那么孩子往往因为知识和能力储备不足，而在未来束手无策，面临淘汰。这样的快乐是短暂的、稍纵即逝的。这种只管眼前快乐的教育方式，说穿了，是不负责任。

只看到眼前成绩的家长，则对孩子要求过高，苛责孩子，只关注考试分数，却不关注孩子本身的成长，也不思考一个孩子在未来成长中，更应该具备哪些优秀的品质。

有格局的父亲，他的目光会放得更加长远。看到的不只是孩子眼前的兴趣与快乐，还会想象孩子在二十岁、三十岁甚至四五十岁时会是什么模样，思考一个人独立走向社会时应该具备哪些品质。他会为孩子将来的发展和成功做储备，培育出后劲十足，能在三十岁、四十岁依然充满生活热情与事业能力的成功者。

那么，成功的成年人到底具有哪些品质呢？

Kenneth Ginsburg 教授进一步指出，成功的成年人应该具有以下品质：

（1）有价值感和目标。

（2）能修补世界，富有同情心。

（3）心系他人，珍惜与家人、朋友和社会的关系。

（4）坚毅性，不轻易放弃。

（5）具有创造力和创新力。

（6）有社交情商，促进领导力和协作。

（7）愿意听取建设性批评意见。

（8）有好学精神。

一个小孩子能不能在三十岁或者四十岁时依然保持快乐，取得成功，很大程度上并不完全取决于孩子本身，而在于他的父亲有怎样的格局和眼光。

如果把孩子未来的人生比作跑步比赛，那么，格局不足的父亲，会不自觉地把孩子的人生当作一场百米冲刺，于是只想着"不要输在起跑线"上，却没有想到人生很长，赢在起点未必能赢在终点。

而有格局的父亲，会把孩子的人生看作一场马拉松，把孩子的目标设置得既长远又有行进路上的具体小目标，不断鼓励孩子达到一个又一个目标，然后走得更远，一直坚持到终点。

大境界才能有大胸怀，大格局才能有大作为。父亲拥有怎样的格局，将会影响孩子拥有怎样的未来。因此，若我们能多努力一点，提升自己的格局，我们的孩子就有可能看到更多的风景，走向更广阔的未来。

2. 父亲的眼界改变孩子的世界

父亲的格局，决定家庭的方向，决定孩子的未来。而决定格局最重要的一点，是眼界。

什么是眼界？

有这么一个故事——

三个工人在工地砌墙，有人问他们在干吗。

第一个没好气地说："砌墙，你没看到吗？"

第二个人笑笑："我们在盖一栋高楼。"

第三个人笑容满面："我们正在建一座新城市。"

十年后，第一个人仍在砌墙，第二个人成了工程师，而第三个人成了城市规划设计师。

一个人站在两米高的地方，只能看到脚下；当他站在两千米的高度上，能将满城的风景尽收眼底。不同的眼界，可以看到不同的世界。

在家庭教育中，父亲的格局决定孩子的方向，父亲的眼界决定孩子的高度。有些父亲为孩子打造了金贵身家，却眼界低下，只教会孩子挥霍无度，最终走向堕落；还有些父亲，尽管一生清贫，但眼界高远，执着奋斗，即使身处寒门，也能教出伟大的孩子。

印度电影《摔跤吧，爸爸》让我们看到了一个有眼界的父亲究竟是怎样改变了孩子的世界。

阿米尔·汗饰演的父亲马哈维亚拥有全国摔跤冠军的头衔，他一心希望妻子可以为他生下一个儿子，延续他的冠军梦。然而，天不从人愿，他们一连生了四个孩子，都是女儿。

面对四个女儿，父亲内心无比痛苦。马哈维亚痛苦的不只是自己梦想的破灭，更是女儿未来生活处境的艰难。

要知道，他们身处印度。在印度，如果生下女孩，家长可以把她溺死；童婚率高达47%；每年有1500万印度少女中断学业相夫教子；女性的识字率只有65.9%；每3分钟发生一起针对女性的暴力犯罪，每22分钟发生一起强奸案；每年约有9000名印度妇女因为嫁妆达不到婆家的要求而丧命，更多人致残或身体留下永久的伤害。在这里，家境贫穷的女孩子无法自主选择自己的未来，唯一的命运就是等待嫁人。

幸运的是，马哈维亚是一位深爱孩子且眼界不凡的父亲。在发现了大女儿和二女儿的摔跤天赋后，他决定培养女儿们摔跤。这条路艰难崎岖，充满嘲笑、质疑、汗水、泪水和伤痛。做饼的老板对他们说："女孩就该待在厨房里。"赛事主办方说："哪有女人参赛的道理，你不要脸，我们还要脸呢。赶明儿举办个厨艺大赛，让你女儿参加，怎样？"

接连的挫败连女儿们自己都打算放弃的时候，只有马哈维亚认为，唯有坚持这条路，才能改变一个普通女孩的命运，能让女儿未来的人生多一种选择，多一种可能。

为了女儿的前路，马哈维亚尝试了一切他能想到的办法。为了给孩子增加营养，他用未来的投资前景做保证，说服村里小贩用很低的价格卖鸡肉给他；没有训练场地，他徒手在麦地里开辟出一块；拿不到比赛资格，就拼尽全力争取……

马哈维亚对女儿的教育，让无数女孩儿羡慕不已。当马哈维亚的女儿吉塔和巴比塔抱怨摔跤太累、爸爸太严厉的时候，邻家14岁的新娘说："我倒是希望我有个这样的父亲，能为我的未来着想，而不是从小只让我学做家务，满14岁就要嫁给素未谋面的男人，终生与锅碗瓢盆为伴。也许你们的父亲专横顽固，但他把你们当自己的女儿看，希望你们有属于自己的人生。"

在马哈维亚的教导下，两个女儿先后拿下了全国摔跤冠军，然而马哈维亚的目光也并没有局限于此，他让女儿们看得更远，把目光放在国际大赛上。

冠亚军角逐战前夜,马哈维亚对女儿吉塔说:"如果你明天能赢,胜利将不仅属于你个人,也属于千千万万像你一样的、被认为不及男孩、只能与锅碗瓢盆打交道、在相夫教子中度过一生的女孩们。明天的比赛是最重要的一场,因为你的对手不只是那个澳大利亚人,还有所有歧视女性的人。"

在父亲的激励和鼓舞下,吉塔成功拿下英联邦运动会女子摔跤55公斤级比赛冠军,成为印度运动史上第一位获得摔跤冠军的女运动员,也是第一位取得夏季奥林匹克运动会资格的印度女摔跤手。

马哈维亚让我们看到了一位有眼界的父亲如何改变孩子的世界——不屈服既定的命运,抵挡住世人的偏见和奚落,打破世俗观念、经济状况、训练条件等等限制,培养女儿一步一步从小村庄走向世界摔跤台,从此成为印度的骄傲。

马哈维亚的努力不仅改变了女儿们的命运,更改变了无数印度少女的命运。在吉塔和巴比塔的影响下,印度先后有1000多名女性投身于摔跤运动中,引导女性于黑暗中寻找到了一线曙光。

孩子步入社会前,是踩在父母的肩膀上看世界的。父亲的眼界,决定孩子的生活阅历,是孩子成长的垫脚石。当一

一 父亲的格局,决定家庭的方向

个父亲的眼界局限于眼前的一亩三分地时,他永远只能教会孩子浑浑噩噩地活着;相反父亲眼界高远,就能改变孩子的世界。

导演郑琼拍摄过一部跨度七年的纪录片《出路》,讲述了不同家庭的孩子的不同生活。

12岁的马百娟是一个小山村的孩子,在只有两个老师的学校里上二年级。每天放学她都要帮父母做农活,背着稻草上下陡峭的山坡。再次拍摄她时,即便远未到结婚年龄,却已嫁给表哥,大腹便便,即将临盆。去北京上学的梦想,早早淹没在柴米油盐的家庭生活中。

19岁的徐佳是湖北咸宁的一个高三复读生。父母希望他能考上大学,靠读书改变命运。再次拍摄他时,他已是一名大四学生,毕业后找工作、结婚,为了给母亲更好的生活而努力。

马百娟的父亲说:女孩子总归是要嫁人的,认几个字就行了。以后生了孩子要照顾孩子,又不能出去工作,不用读那么多书。

徐佳的父母让他连读了三个高三,只为让他考上大学。因为父母在城市里打工,深知文化的重要性,他们希望儿子能通过不断学习改变自己的命运。

两个家庭都较为贫困，但父亲不同的眼界，导致了孩子不同的未来。父亲的眼界，不仅决定了孩子的成长环境，也会潜移默化地影响孩子的思想。孩子未来的生活会自然地随之产生变化，气魄和眼界也被培养起来了。

我们可以看到，眼界越开阔的父母，越注重孩子的教育问题。在教养孩子的道路上，如果父亲能拥有开阔的眼界，就相当于从小为孩子打开宽阔的世界天窗。那么，孩子的眼光就将不再局限于眼前的三尺方寸地，而会放眼世界，心怀宇宙。

提升眼界，既是一场对孩子的教育，也是父亲自我的人生修炼。为了孩子的成长，有眼界的父亲会努力给孩子营造一个和谐、积极的教育氛围，会主动引导孩子多经历生活，多尝试更多的生活方式，多见识世界——这些才是给孩子最好的教育。

3. 父亲的远见成就孩子的梦想

为人父母，要将眼光放长远。很多时候，孩子一生的幸福与成就，是由童年时期埋下的种子决定的。

父亲的远见影响孩子的未来，是孩子成就梦想的金钥匙。

林语堂先生，中国现代著名作家、学者、翻译家、语言学家等，也被公认为现代作家中英文水平最高者之一。他一生共出版英文著作36部，著名的有《京华烟云》《风声鹤唳》《吾国与吾民》等。据梁实秋说，曾担任北京大学英文系教授的叶公超最佩服两位中国人的英文水平：一个是宋美龄，一个是林语堂。曾获诺贝尔文学奖的美国女作家赛珍珠对林语堂的英文水平也赞不绝口，并为其著作《吾国与吾民》作序，认为这是世界文化史上的一大奇迹。

林语堂先生的英文造诣如此之高，与其父亲的远见卓识是密不可分的。

林语堂的父亲林至诚年轻时家境贫寒，无钱上学，从十三四岁开始自学，他一直有一个强烈的愿望：自己的孩子要上最好的大学。当时，中国正受到日本和西方列强的威胁，林至诚以其远见卓识，敏锐地看到了西方教育的先进性。他决定，他的孩子必须接受西方教育。

作为一名乡村牧师，林至诚每月薪水只有十六至二十元，而家中有八个孩子需要养活，想要让孩子进入最好的大学接受西方先进教育，在很多人看来简直是天方夜谭。

为了孩子未来的路走得更长远，林至诚毅然变卖家产，甚至把祖辈留下的房屋也卖掉了，再向亲朋好友借了100个银圆，筹措到了孩子进入大学的最低额学费，把林语堂从福建老家送入了久负盛名的上海圣约翰大学。

林语堂进入圣约翰大学后如鱼得水。他的求知欲望异常强烈，除了学习英文外，还选修语言学作为专门课程学习，花费大量时间阅读课外书籍。他的阅读兴趣广泛，读达尔文、赫克尔、拉马克，读《社会学》《伦理学》《宇宙之谜》《十九世纪的基础》等各种著作，几乎阅读了圣约翰图书馆所有的藏书。圣约翰浓厚的西方教育氛围，西方式的为人处事和治学态度，都深深地影响着林语堂。若干年后，林语堂回忆道："我很幸运能进圣约翰大学，那时圣约翰大学是公认学英文最好的地方。"

林语堂之所以能取得如此瞩目的成就，正在于其父亲拥有长远的目光，支持孩子的梦想，始终不懈地为孩子的未来尽其所能，这才有了孩子日后的辉煌。

有的父亲拘泥于眼前利益，早早折断了孩子探索未来的翅膀；有些父亲重视启发教育，从小带着孩子看花花绿绿的世界，孩子由此感受到人生的多姿多彩。

有人回顾过这么一件事——

小时候，家境贫寒，自己又是个女孩，亲朋好友都劝父亲让自己辍学打工来养家。母亲在众人的劝说下动摇了，然而父亲坚定地拒绝了，坚持让女儿读书。在女儿中考取得优异成绩后，父亲毅然省吃俭用把女儿送到两百多公里外的重点高中就读。重点高中的读书经历使女孩站得更远，看得更多，并交到了许多志趣相投的朋友，从此改变了女孩的人生观、世界观和交际圈。女孩从重点高中毕业后，顺利考入一所名校，以优异的成绩读完了本科、硕士。后来，女孩找到了一份自己感兴趣的工作，并遇见了与自己一样优秀的爱人。

如果当初父亲不那么有远见，而是选择让女儿和邻居伙伴一起留在小县城，那么女孩的梦想可能会再也无从谈起。因为父亲的远见与坚持，女孩的人生变得完全不同。父亲放眼未来，目光开阔，才能让孩子少走一些弯路，少错过一些机会，从而改变孩子未来的命运。

作为家长，我们都极为重视孩子的学习。在孩子的学习上，我们更要做到"远视"。

我们要看到，孩子学习的本质是为了提升能力和思维。只要孩子付出努力，取得进步，我们就应该鼓励。如果家长短视，只关注眼前的成绩，不关注孩子的成长，就有可能酿成悲剧。

前几年的新闻中，一位男生在高考成绩出来后跳楼自杀，遗书上写着："爸妈对不起，我从来没有达到你们的要求，我太累了。"而他的高考成绩，足够上一所很好的重点本科学校。

据说，孩子的父亲永远以苛责的目光盯着孩子的分数，却很少与孩子谈心，不关心孩子的心理状态，更不关注孩子的兴趣与特长。无论孩子多努力，父亲总觉得孩子还不够优秀，不断苛责与打骂。一次又一次心灵的打击，使孩子全盘否定了自己，也无法再对世界抱有期望，最终选择纵身一跃。这样的父亲，说到底是短视的。而他的短视，造就了家庭的悲剧。

像这样的家长不在少数。他们为孩子规划未来，但他们的规划只局限于眼前的利益，局限于现在的成绩或者将来的工作能不能赚到钱，却没有考虑过孩子的人格发展与心理健康。

关于孩子的未来，每个父母都满怀期望。越是有远见的父亲，越对孩子抱有良好的期望。而越是缺乏远见的父亲，越爱用苛求的目光对待孩子，否定孩子，只看到眼前。

有远见的家长，不纠结于孩子期末试卷上分数到底是多少，也不会早早放弃孩子的学习潜力。他们尊重孩子的想法，知道只要孩子一直在努力就是进步，懂得只要孩子努力胜过昨天的自己就是成功，鼓励孩子永远保持着对未来的期待和信心。

可见，一个家庭中如果父亲短视，一切以学习成绩为目的，只看分数，不关心孩子的发展与成长，孩子也多半会变得十分功利，不关心其他，甚至不知感恩，成为流水线上的又一个产品。

而一个父亲，如果他有远见卓识，目光长远，能适时发现和发展孩子的兴趣特长，懂得多方面培养和引导孩子，孩子就能成长为一个人格健全、能力卓越的复合型人才，这样的人才多半敢于创新，勇于尝试，在未来就有凭借思想和创造改变万千人命运的可能性。

4. 父亲的人格影响孩子的三观

孩子们常常认为父亲是世界上最伟大的人，总是在观察、模仿父亲的言行。在和父亲的相互接触中，孩子开始塑造自己的品质和个性，自我得到成长。儿童心理学家杜布森说："孩子的自我价值和自信都和他与父亲的关系直接相关。"因此，想要给予孩子好的教育，父亲首先要自我品行端正、人格高尚，只有这样才能培养出三观正确的高尚孩子。

Facebook 上有一个超火的老爸，无数人为他教育孩子的方式点赞。

这位父亲来自美国弗吉尼亚州，他有一个 10 岁的儿子。一天，这个 10 岁的男孩因为在校车上欺负同学，被校车司机赶下车。父亲知道后，没有用"孩子还小"当借口宽容孩子，更没有像部分无理取闹的父母那样去学校闹事，他认为"欺负同学"是一件关乎人品的大事，做错事的孩子必须得到严厉的惩罚。于是，这位父亲做出了一项惩罚决定——他命令儿子连续一周跑步去上学，无论什么天气，都不准停歇，并且要求孩子每天在 Facebook 上直播打卡。

接下来的一星期里,这个犯了错的孩子每天背着沉重的书包,徒步跑到学校。学校离家颇远,孩子总是跑得上气不接下气,看起来很是可怜,但父亲表示,这是孩子应受的惩罚。

一星期的惩罚结束后,孩子突然懂事很多,不仅不再欺负同学,还主动帮助同学,得到了老师的表扬。

视频结尾,这位父亲说,父母不能总以朋友的姿态和孩子相处,在孩子做错事时,必须要以家长的姿态教训孩子。

这位孩子有这样的父亲,实在是他人生路上莫大的幸运。

俞敏洪说过:"我们很难在一个庸俗的家庭里面发现一个孩子有着高雅和清纯。"

是非不分的父亲,培养不出人格高尚的孩子;善恶不明的父亲,培养不出三观端正的子女。父亲是孩子的人生样板,父亲的人格,决定孩子一生的品行。

林语堂先生回忆说,由于父亲布道工作很辛苦,母亲每天会专门给父亲准备一碗猪肝面,等父亲回来就端出来给他补身子。然而父亲爱惜年幼的孩子,总是稍稍吃上几口就留给孩子。孩子也心疼父亲,吃上两口又让给父亲。一碗猪肝面常常吃到凉了，父亲与孩子还在让来让去。那种父慈子孝、其乐融融的家庭氛围，给年幼的林语堂留下了深刻的印象，以至于他多年后回忆，认为那一碗猪肝面就是世界上最美味的食物。

在对孩子的教育中，林父从不将个人思想强加在孩子身上，他鼓励孩子们拥有自主想法，独立思考问题。在家庭工作上，他认为孩子们都应该通过劳动获得成果，所以他给每个孩子都分配了家庭工作，培养孩子们爱劳动、承担家庭事务的习惯。

此外，林语堂的父亲作为一名牧师，除了爱他的孩子，还真心实意地爱他的教友。他对穷人常怀同情之心，一生好打抱不平，为穷人主持公道。他心怀和善，不管是农夫还是渔夫，都会将其请到家中喝杯茶，吃顿午饭，炎热天气里还会请农夫来家中纳凉。

父亲高尚的人格、与人为善的品质深深影响了林语堂，促使其一生人格高尚，品行端方。

父亲对孩子人格健康的影响，正如教育家张海涛所说："父亲是一个活生生的人，是一个榜样，一个孩子们看得见、摸得着的英雄。"

人格低下的父亲，是孩子成长路上的拦路者，阻挡着孩子人格的发育；而人格高尚的父亲，则是孩子成长路上的助推器，助孩子成为高尚的、受人尊重的人。对孩子来说，父亲是否明辨事理，直接影响孩子养成怎样的价值观。父亲的人格与品质，更决定着孩子的三观，决定其一生的品行。

无论男孩还是女孩，父亲的人格都对孩子未来的人品、三观影响极大。男孩的人品、性格、家庭观、事业观，往往就是父亲的翻版；而对女孩子来说，父亲不仅是学习的榜样，还是观察的对象——她需要通过父亲来认识男人是什么样子，未来发展两性关系时才不容易被欺骗、欺负。正如苏霍姆林斯基所说："每个父亲都是使者，只有使者们不断进修，端正自己的观念品行，培养出的孩子才能自立于人群之中。"

一位今年刚刚结婚的年轻人，在婚礼上回忆了这么一件事——他读大学那会儿，和同班女生陷入了热恋。恋爱的事情被他父亲知道了，父亲很郑重地跟他进行了一番对话。

"你长大了，懂得爱情的美好，爸爸感到很欣慰。但爸爸想和你谈谈，你是否有和女朋友同居的打算？"

儿子点点头，跟父亲坦白。

父亲说："我知道，年轻人有很多情不自禁的时候。但是我想告诉你，作为男人，你有保护自己心爱女孩的责任和义务。你要知道，流产对一个女孩的伤害是很大的，所以，在面对爱情的时候，你必须记得责任与克制。有时候，克制比宣泄更能体现爱，因为你真的爱一个人，才会愿意为她克制，对她负责。父亲希望你永远不要做对别人不负责的事情，因为有些时候，你一时的不负责，会毁了别人一辈子。"

这个年轻人后来回忆说，这是父亲在爱情与婚姻上，教给他的最重要的一课。这一课不仅影响了他的家庭观，也影响了他为人处世的方方面面，让他知道一个男人的责任感重于泰山。

一个自身作风正派、行为端方的父亲，才能养出明事理、有良知的儿子；一个尊重婚姻、尊重伴侣的父亲，才会教会儿子珍惜婚姻、爱护爱人、维护家庭。一个品格高尚的父亲才能扮演好人生导师的角色，将孩子往积极正面的方向上培养，教会儿子什么是作为男人应有的责任。

父亲在孩子成长过程中的重要性，还体现在方方面面。

首先，父亲在家庭教育中的积极参与，有利于孩子的心智发育。耶鲁大学研究表明，由男性带大的孩子智商高，将来走向社会也会更容易成功。这并不是否认妈妈的作用，但爸爸在孩子想象力、创造力方面的影响确实可以使孩子变得更聪明。

在看《爸爸去哪儿》时，我极为欣赏西北汉子郭涛的育儿方式。郭涛说："我其实是一个不太像爸爸的爸爸，快40岁初为人父，那种感觉是很难形容的。"虽然中年得子，但郭涛对儿子没有骄纵，总是以平等的态度面对儿子。他引导儿子扔垃圾，用讲道理的方式给儿子讲解接下来的任务，儿子胳膊受伤时也告诉他要认真完成任务。因此我们看到，郭涛的儿子小石头年纪虽小，却十分有担当，愿意主动承担任务，在其他小朋友闹别扭不肯去完成任务的时候，小石头站出来很好地完成了任务。

相比于女性家长的琐碎细致，男性家长更注重孩子的整体发展。妈妈时常强调孩子要听话，而在爸爸的教育中，孩子更为自由，爸爸们的"放养模式"少了一分呵护和小心翼翼，却多了一分自由和历练，让孩子去尝试自己想做的事。调查证明，一天与父亲接触至少两个小时的男孩子，和一星期与父亲接触不到六小时的男孩子相比，前者不仅更聪明，而且人际关系更融洽。

其次，孩子成长时总会犯错，而有一个三观正的父亲，则能够避免孩子走上弯路、错路。三观正的父亲，像孩子成长路上的指路牌，在迷茫时给孩子指明方向；又像是指南针，把偏航的孩子及时拉回正轨。父亲就像是孩子成长过程中所需要的"钙"，对于塑造幼儿健康的人格、坚强勇敢的性格以及良好的思维方式非常重要。

著名人格心理学家莱格说，任何一个人的身上既有男性特质，又有女性特质，只有平衡发展才是健全的人格。男性家长的热情、宽厚、敢于冒险、勇于坚持等特征，会让孩子在不知不觉中模仿和学习。这些与孩子从女性家长处得到的关心别人、同情心、温和、善良等方面的品质结合起来，方能给孩子形成较完善的人格基础。

5. 警惕畸形价值观的侵蚀

价值观对于一个人的成长格外重要。

按马斯洛社会心理学的定义，人的需求分为两种：一种是匮乏性需求，一种是成长性需求。匮乏性需求包括生存和安全的需求，这是人类最基本的需求，也是社会发展的最低阶段。在生存和安全问题解决之后，人就会进入到以归属感、爱与被爱、尊重等精神需求为主的阶段。在这个阶段，价值观的重要性逐渐体现出来。如果一个人的价值观畸形，他的精神需求就将变异，心理将会扭曲。

而今社会，我们可以看到一个可怕的现象，一些孩子的价值观正在被扭曲。这其中，很大一部分原因是父亲这个"火车头"没能给孩子传递正确的价值观。

归纳起来，目前常见的价值观畸形有以下几点，需要家长加以重视。

首先是"有钱等于成功论"。

有不少家长自己就秉持着"有钱等于成功"的信念，为了赚钱不择手段，自然会让孩子在耳濡目染下被"金钱万能观"扭曲了心灵。

我曾问过几个初中女生，她们的理想是什么。其中两个女生说："当网红。"

我问她们为什么？

她们说："网红有钱啊。"

我说，做其他事也可以挣钱，为什么一定要当网红。她们回答："当网红赚钱快，不那么累。"

我再问她们，有钱之后打算做什么呢，她们回答："到时候就不读书了，读书太累了。"

这几个女生绝不是个例。

不知道从什么时候开始，我们的孩子产生了这样的价值观：有钱是成功的唯一标准，而网络走红是最好的捷径。

打开手机，可以看到在各个短视频平台上，无数十多岁的女生为了走红用尽各种手段。有晒搔首弄姿照片的，有炫富的，更有大量未成年少女公然炫耀自己早孕的。早孕少女中有些才16岁，已经是二胎妈妈。还有一个号称全网年龄最小妈妈的女生，年仅14岁。她们晒医院产检书，晒验孕棒，晒孕照……还收获了大量粉丝的点赞与打赏，甚至还有不少粉丝跟风模仿抽烟喝酒、早恋早孕等。

这实在是一件触目惊心的事情。

仔细分析这些少女，很大一部分是父母不在身边，或是父母疏于管教的，更有一些是父母价值观也同样畸形，无法给孩子进行合适教育的。

有一些年轻的家长，自己心智也不成熟，比如某短视频网站上，经常有新手爸妈发布捉弄孩子的视频。每每看到视频上孩子因为恐惧而大声哭泣，家长却在一旁哈哈大笑时，我都不禁为孩子的未来担忧。长期生活在被捉弄的恐惧与猝不及防的惊吓中，孩子会缺乏安全感，胆小而内向。然而这些新手家长,为了走红,为了收获粉丝,一再刁难孩子,不禁让人深深感叹,拥有一对价值观畸形的父母,实在是孩子的大不幸。

其次,常见的畸形价值观还有"外貌决定论"。

有人说:"我之所以不喜欢一夜爆红的明星、网红之流,并不是讨厌她们的人,而是讨厌她们背后潜藏的价值观:努力没用,你得漂亮。"

我十分认同。

"外貌决定论"会给孩子们带来这样的错觉:只要漂亮,就能获得一大批选票;只要漂亮,就能收获无数粉丝;只要漂亮,不需要读书也不需要成为高尚正直的人,就能拥有一切。

这些不正常的现象折射出一些人畸形的审美观和扭曲的价值观。当孩子片面地认为美丽是快速成功、快速致富的捷径,拥有漂亮的脸蛋就意味着拥有美好的前程时,就容易为了美丽不惜伤害身体,使拉皮、吸脂、整容成为风尚,乃至一些女孩子明明不胖,却总认为自己还不够瘦,长期忍饥挨饿,患上"厌食症",形容枯槁,骨瘦如柴。

面对这种情况,家长一定要及时警惕,及早引导孩子。

在这种时候,父亲可以做的是,一方面反复告诉孩子

"健康即美""内在美胜过外在美",帮孩子树立正确的审美观,让孩子知道修炼气质和品行远比单纯改变外形重要;另一方面父亲最好能陪孩子一起做运动,给孩子养成热爱运动、合理膳食的习惯,让孩子拥有青春的美感。

与"外貌决定论"密切相关的是,孩子常常会因为一个明星长得好看就崇拜他,乃至成为没有是非观的"脑残粉"。

面对这种情况,父亲一定要从价值观上引导孩子,为孩子建立正确的三观,告诉孩子追星的价值在于从明星身上汲取"正能量",要多看到品质优秀的明星,借鉴他们的优秀之处,不断启示自己,提高自己。如果明星做出吸毒、潜规则等突破底线的事情,一定要予以抵制,而不能盲目支持。

再次,常见的畸形价值观还有"以自我为中心"。

以自我为中心的孩子,主要表现为霸道不听话,不讲道理,什么都要听他的,王子病、公主病等。这种价值观的养成,一方面是父母过于宠溺孩子,事事依顺孩子;另一方面也可能是父母自己也是如此做表率的。

之前捷星航空公司由日本东京城日机场飞往上海浦东机场的某次航班,因目的地天气原因导致延误24小时,170余名中国游客滞留。部分滞留的中国游客面对恶劣天气这类不可抗因素，不问青红皂白就先入为主地指责机场只照顾日本游客，与机场工作人员发生冲突，打伤工作人员。闯下祸事后，又在机场高唱国歌，号称这是"爱国行为"，希望外交部门出马帮他们摆平。

结果呢？既丢了自己的脸，又丢了祖国的脸。

针对此事，中国外交部临时保护中心参赞赵岩说："中国民众需要有心理准备，不能事事都依赖政府，这不是一个成熟大国公民的心态。"

这些成年人展现出的就是一种畸形的价值观——"巨婴价值观"。他们即使已经成年，心理依然像婴儿，一方面以自我为中心，认为所有人都应该为自己服务；另一方面又事事依赖他人解决，不能对自己的行为负责任。

而有着"巨婴价值观"的家长，又怎么可能养得出价值观正确的孩子？

一个合格的父亲，在短视频泛滥、网络信息爆炸的今天，一定要给孩子把好关：一是自己要不断反省自己的价值观是否正确；二是在孩子面前尽量不要表现出沉迷短视频和游戏的倾向；三是严格关注孩子动向，尽量避免让孩子接触以下几类内容的帖子或视频。

第一类是炫富内容。晒豪宅、晒豪车、晒豪华旅行这类帖子或视频随处可见，孩子如果过分关注这类内容，就容易走入爱慕虚荣、拜金主义的死胡同，对孩子的价值观养成极为不利。

第二类是把品质恶劣等同于张扬个性。比如，有些短视频里孩子晒自己骂脏话、欺负同学或者虐待动物，评论区一众粉丝大喊"有个性"。这绝不是有个性，而是基本道德的缺失。如果孩子有关注和模仿的倾向，家长一定要及时制止。

第三类是自残内容。为了博关注，有少女用刀片把自己的胳膊划得鲜血淋漓，还有人用铁棍敲击自己的身体。这类不爱惜自己的行为，一定不能让孩子模仿。

第四类是拿恶搞当有趣。短视频网站上，恶搞视频比比皆是，父母恶搞孩子，夫妻互相恶整，出门捉弄陌生的路人……做出人行道上粘胶带、同学椅子上倒胶水等等行为来。这些造成他人身心受到伤害的行为，绝不有趣，而是道德的低下。

6. 父亲的韧性铸就孩子的坚毅

人们渴望成功并且追求卓越，然而并不是所有的人都会成功。我们常常想当然地认为，是运气和天赋成就了那些成功者，然而越来越多的调查研究表明，那些成功和卓越的人，除了需要一定的运气和天赋之外，还需要一些其他因素，比如十分重要的韧性，或者说坚毅的品格。

托比·科斯格罗夫是一位阅读障碍症患者，他从小热爱医学，立志学医，但因为特殊的病情，学习成绩一直不佳。他先后申请了十三所大学，只有弗吉尼亚大学医学院录取了他。他从未因为自己的先天不足而放弃，反而因为远超常人的坚毅品质而比别人更努力。"阅读障碍增强了我的决心和坚韧，"科斯格罗夫说，"因为要获得同样的成绩，我得付出更多努力。"

1975年加入克利夫兰医疗中心后，托比·科斯格罗夫决定主攻心脏外科。当时所有人都不看好他，他却再次让大家刮目相看。

"实习期间，人们告诉我，我是住院医生中资质最差的一个。但失败是伟大的老师。我努力工作，不断锤炼技巧。大家都劝我别当心脏外科医生，但我还是义无反顾。"

凭借过人的毅力，科斯格罗夫进行过的心脏手术比同行完成的都要多，并开创了多项新技术，包括微创二尖瓣手术，获得了30多项专利，成为世界级外科医生。2004年，科斯格罗夫当选克利夫兰医疗中心CEO。

科斯格罗夫的经历充分体现了坚毅精神，他的韧性让我们看到了一个人即使先天不如他人，只要他具有不屈不挠的坚毅品质，就有极大可能走向成功。

事实上，全球顶尖名校和名企都对"韧性"或者说"坚毅"这一品质重视有加。

宾夕法尼亚大学心理学教授、知名心理学家安杰拉·达克沃斯提出的"坚毅力"概念席卷美国。达克沃斯教授从2007年开始对"坚毅"（GRIT）进行研究，研究成果发布在美国各大学术杂志上。她认为，坚毅比天赋更能预测一个人未来的表现。在遇到挫折、失败时，仍能坚持不懈地朝着自己的目标努力，这才是决定成功的长期因素。

清华大学社会科学学院院长彭凯平指出："坚毅最本质的

和重要的贡献是，它再一次提醒我们，能力可能会误导我们，以为它是我们人生成功最重要的要素。实际上，积极的心理品质才是决定一个人是否成功最重要的要素。"

演员沙溢与胡可的儿子安吉参加《爸爸去哪儿》以来，凭着暖心、坚韧、乐观的性情圈粉无数。我们可以看到，安吉的家庭教育中，韧性是极为重要的一环。

胡可曾在微博上发布了一段儿子安吉练琴的视频。视频中，安吉用小手抹着眼泪说："我弹不好，弹不好，我总是弹不好。"

但很快，安吉擦干眼泪，跺跺脚，下定决心地说了一句："我今天一定要弹好！"

在对自己说"一定要弹好"后，安吉收拾了心情，认真坐在琴凳上，又开始了新一轮的练习。

胡可配文说："那一刻，我被这样的画面感动，小小的身体里蕴藏了倔强的力量，我们不需要执着完美的结果，却要拥有坚持的品格。"

罗莎贝斯·莫斯·坎特说："潜在的困难潜伏在各个角落，无论是来自意想不到的环境变动，或是个人的缺点与错误。无论来源是什么，重要的是我们如何应对它们。当意外状况是新常态时，韧性就成为新的技能。"

韧性有利于调动人的积极性、主动性，能强化脑细胞活动，使智力活动呈现积极状态，从而使人产生异乎寻常的高效率。无论在生活中还是学习上，具有独立坚毅品质的人更具有坚持力、自制力，更加不怕困难勇往直前，也更容易取得成功。

"韧性"在家庭教育中的重要性大家都知道，然而实际生活中，很多家长会发现，自己的孩子畏难情绪十分严重。具体表现在：孩子想做好一件事时，稍有难度或者感觉做不好就放弃。

面对孩子的这种表现，家长要反省两点：一是自己是否也是如此缺乏韧性，面对困难容易放弃，以致给孩子做了不好的示范；二是在孩子成长过程中，家长是否过度代劳，万事包办，以致孩子缺乏韧性。

著名作家、画家刘墉的儿子刘轩先后就读于位列全美榜首的史代文森高中、茱莉亚音乐学院先修班和哈佛大学，是哈佛教育研究院博士候选人。2016 年，刘轩所著《助你好运》获得首届海峡两岸新锐作家好书奖。

刘轩曾在《TED×TaiPei》的舞台上分享过一个成长故

事——

小的时候，刘轩的家境并不好。当时父亲刘墉已经开始写书，但没有出版社愿意冒险出版一个新人的作品。在多次被拒稿之后，父亲刘墉并没有放弃，而是自己找了一家印刷厂，活字印刷了两千册，自费出版。不料，书籍在上市后大受欢迎，父亲一下子成为畅销书作家，从此写作热情如井喷一般不可遏止，家里的经济情况也得到了明显改善。

最后，刘轩总结说："后来，我问父亲，是什么品质对他影响最深，让他能够坦然面对挫折，不畏失败，父亲毫不犹豫回答，'锲而不舍'。现在回想起来，如果当初父亲面对挫折时选择放弃写作的话，他可能没有现在的成就。"

父亲"锲而不舍"的韧性给刘轩留下了深刻印象，也促使刘轩发愤努力，在面对困难时，总以其坚韧的心性与坚毅的品质不断努力，从而走向成功。

刘轩在书中也提及了面对困境的韧性是如何从小到大不断改变他的。

八岁的时候，刘轩跟随父母离开台湾，定居美国。刚到美国，他几乎完全不懂英文，上课时犹如听天书，学习障碍极大。刘轩形容当时的自己，身处教室"像外星人一样被看待"。语言的障碍和初到陌生环境的不适让刘轩极度害怕与人打交道，去学校时，总是双手将课本紧紧抱在胸前，一脸排斥。

也是父亲，不断鼓励他要坚强，更要坚持。不会英语没关系，从现在开始学习也不晚；畏惧环境也没关系，从身边的人开始交流。只要有坚韧的品质，只要不断努力，永不放弃，一切都会好起来。

后来，刘轩克服了重重困难，并慢慢成为班里最优秀的学生，顺利考入最好的高中、最好的大学。

正如比尔·盖茨所说："巨大的成功靠的不是气力，而是韧性。社会竞争经常是持久力的竞争，有恒心和毅力的成功者往往能成为笑到最后、笑得最好的人。"如今，已为人父的刘轩回想起自己的成长之路，更加理解和感谢父亲刘墉当年对自己的教育，用他的话说，如今取得的"果"是当年种下的"因"，正是父亲的韧性，塑造了刘轩坚毅的性格。

家长是孩子最尊敬并且对他们影响最大的榜样。如果想让孩子具备坚毅的品格，父亲首先要自问一下，自己对于生活有多少激情和韧性；在日常生活中，自己面对困难，有没有表现出畏缩的情绪？如果父亲自己都做不到坚韧，又怎么可能给孩子以正面的引导和教育。

7. 别把挫折教育等同于苛责教育

生活从来都不可能是一帆风顺的，能吃苦的孩子才更能承受生活的压力，更能以坚忍不拔的意志走向成功。因此，在孩子的成长过程中，抗挫折能力的培养极为重要。

在孩子的抗挫折能力培养上，体坛名将刘国梁做得非常好。刘国梁的女儿刘宇婕从小就对高尔夫非常感兴趣，刘国梁发现并从女儿三岁开始陪伴她进行高尔夫训练。兴趣很快被枯燥艰苦的训练打败，孩子有了松懈的念头，然而刘国梁告诉孩子，只有坚持才能胜利，只有吃得了苦才能走得更远。渐渐地，刘宇婕的心态调整得越来越好，不再为打不好一场比赛而哭，反而会对母亲说："哭有什么用，打好第二杆就行了。"刘宇婕六岁开始参加世界级赛事，2018年4月斩获汇丰全国青少年高尔夫冠军赛郑州站女子U9组冠军；2018年7月21日，在美国拉斯维加斯举行的"世界之星青少年高尔夫锦标赛"中，刘宇婕发挥出色，以4杆领先优势赢得女子组8岁及8岁以下组别冠军。

女儿拿到国际大奖的时候，刘国梁说："在通往成功的道路上，历经艰难险阻，却也趣味丛生。"

众多成功者的经历证明，培养孩子的抗挫折能力有助于孩子形成完整的人格，磨炼孩子的能力。培养孩子抗挫折能力很重要，但是，我们也发现，家长们常常走入一个误区——

因为怕孩子将来抗压能力差，所以家长们不断地给孩子施加困难和挫败感，逆着孩子的意愿做事，吝啬自己的赞美之词，认为这样就是在进行"挫折教育"。

实际上，这种做法不仅无益于抗挫折能力的培养，反而会伤害孩子的心理健康。

我身边就有一位父亲，他说自己信奉"挫折教育"，认为孩子绝对不能宠溺，不能娇惯，必须严厉地对待。

在他儿子的成长过程中，他不断为儿子设置人为的"挫折"。比如，孩子考试不理想，他会严厉地责骂孩子"不争气""不努力"；孩子考好了，他会严肃地对孩子说，"不要为一点点成绩沾沾自喜，你离真正的优秀还很远"；当孩子遇到困难向他求助时，会皱着眉头批评孩子"这点事情都做不好，到底动不动脑子"；当孩子解决一个问题，兴奋地告诉他时，他依然会皱着眉头对孩子说，"你的解决办法还不够完美，你就不能再多想想吗"……

时间久了，他的儿子变得越来越压抑，越来越没精打采。于是这位父亲越发严厉，指责孩子不够坚强。

在一次聊天中，我对这位父亲说："你在工作或是生活中也会遭遇挫折与失败吧？那你回家的时候，是希望你的爱人严厉地批评你呢，还是希望你的爱人温柔开解你？"

这位父亲不说话了。

这位父亲的出发点当然是为孩子好，他认为孩子将来要面对的社会是很残酷的，因此只有不断地批评与磨难才能使孩子在面对外界艰难险阻时勇往直前，但这种自以为的"挫折教育"，实质上是打击式教育、苛责式教育，而非真正的抗挫折能力培养。

这种常见的打击、苛责教育，把抗挫折能力培养等同于一味地给孩子吃苦，又把吃苦等同于不断打击孩子，常常会带来两大恶果。

第一个恶果是导致孩子缺乏安全感。

安全感在孩子的成长过程中是极为重要的心理因素。一个有安全感的人，才能变得自信、乐观，面对困难坚强无畏，能信任他人、爱他人，也容易获得别人的信任与爱。而一个缺乏安全感的人，容易陷入焦虑，对事物过度担心，缺乏自信。过于在意别人对自己的看法。关键时刻总是希望依靠别人，希望别人能够帮助自己，同时内心深处对自己和别人又都不够信任，对周围的人与事总是抱着怀疑的态度。

对孩子而言，他的自我意识最初是通过成人的评价获得的。若家长能够发现孩子的独特之处，孩子就会在成长的过程中充满自信和愉快，觉得自己受到家长的关注与珍视。而当孩子屡遭打击与苛责，就容易丧失信心，觉得自己无论怎样努力都达不到家长的要求，这不仅不能帮助孩子更加强大、更加坚韧，反而会使孩子产生"父母并不爱我""父母只爱成功的我，不爱失败的我"的错觉，长此以往就会对亲子关系产生怀疑，与父母感情疏远。

成人教育之父卡耐基说："苛责是危险的，它常常会伤害一个人宝贵的自尊，伤害他的自重感，并激起他强烈的反抗。由苛责所引起的嫉恨，只会降低对方的士气和情感，同时批评的事情也得不到任何改善。"

心理学实践证明，在指责中长大的孩子，将来容易怨天尤人；在敌意中长大的孩子，将来容易好斗逞强；在恐惧中长大的孩子，将来容易畏首畏尾；在嘲讽中长大的孩子，将来容易消极退缩……

我们希望孩子长成阳光、自信、开朗、独立的人，这些美好的品质，绝不可能通过我们对孩子的打压、批评、苛责来获得。只有在充满爱与安全感的家庭氛围中，孩子才能真正无畏外界的挫折，真正具有抵抗挫折的勇气和能力。

打击、苛责教育的第二个恶果是给予孩子消极的心理暗示。

正面管教创始人简·尼尔森曾说过："我们究竟是从哪里得来这样一个荒谬的观念，要想让孩子做得更好，必须让他们感觉更糟？"

如果父亲不断地对孩子说他做得还不够好，孩子只会强化自己"不够好"的意识。如果父亲一直说孩子笨，孩子就会不断给自己"我是笨蛋"的消极心理暗示，从而背上沉重的包袱，失去信心和勇气，学习能力下降——心理学上所说的"诱导性智愚症"正是如此。

在哈佛教育研究院专门研究成长心理的刘轩指出：很多家长在培养孩子心理韧性方面走进了误区，认为教孩子"坚强地吃苦头"或者刻意让孩子经历挫折，就是对孩子进行抗挫折教育了，这恰恰忽略了抗挫折教育的核心——培养孩子的情绪恢复力。

什么是"情绪恢复力"呢？就是孩子从困难、失败、挫折感中快速走出来，又一次乐观自信进行新尝试的心理能力。而这种心理能力，靠的是"积极的心理暗示"，即拥有正面的态度及灵活思考的能力，懂得如何进行自我掌控及调节。

苛责不能带来"情绪恢复力"，反而常会磨灭孩子的个性，打击孩子的自尊和自信，导致孩子出现"否定自我"的心理问题，让孩子失去成功的信念，越发胆小和自卑，甚至剥夺孩子对美好生活的向往和憧憬。

抗挫折能力的培养，绝对不等同于在精神上折磨孩子，而是指在满足孩子"爱与安全"的基本需要的同时，锻炼孩子克服困难的勇气与能力。

那么，父亲该怎样做，才能真正培养孩子的抗挫折能力呢？

当孩子面对自我矛盾和迷茫、学习困难、考试失利、友情疏远或破裂等挫折时，我们可以本着"先安抚情绪，再解决问题"的思路来引导孩子。我们不用急着告诉孩子"勇敢克服困难"，不妨先安抚他的情绪。让他知道，失败是人生难免的，但是父亲永远会做他最坚强的后盾，他可以放手大胆尝试，父亲会一直陪着他。等孩子的情绪安定下来，我们再引导他分析自己的能力与缺陷，估量自己与目标之间的差距，从失败中总结经验教训，融入"我要锻炼我自己"的意识，鼓励他勇敢克服困难。并告诉他，父亲期待看到他的努力，看到他战胜自己。当孩子知道父亲一直在背后支持他，从心理上先解决了"后顾之忧"，从而更能坦然面对挫折，也就更容易克服困难。

此外，要培养孩子的抗挫折能力，我们还需要让孩子学会自己解决问题，而非帮他解决问题。比如，孩子怕生，我们就要给他独立锻炼的机会，让他多单独活动，多带他与陌生人交谈，让他自己解决生活问题等等。尤其是那些有困难的事情，更要让他自己去做，当他完成具有一定难度的事情，就会体验到克服困难和成功的喜悦，从而增强自信心并变得坚强起来。

8. 有趣的父亲比有钱的父亲更重要

王小波在《三十而立》里说："一辈子很长，要跟一个有趣的人在一起。"

有趣到底有多重要？

有趣可以让人生变得有意思，变得不无聊不枯燥。有人说，找个有趣的人过一生，你永远不会感到无趣。跟有趣的人在一起，当你不开心时，他几句话就能将你逗得捧腹大笑；跟有趣的人在一起，你们永远有聊不完的话题，即使是一件小事，也会变得有意义。

有趣在家庭教育中到底有什么作用呢？

研究证明，是否拥有快乐的情绪，对孩子的身心发展有着重要的意义。而有趣的家庭氛围恰恰可以使孩子感受到更多的快乐。

钱钟书和杨绛婚后，经历过一段经济困顿的时期。原先十指不沾阳春水的杨绛包揽所有家务，劈柴、生火、做饭，经常被煤烟熏成黑脸，杨绛却笑着说自己是"灶下婢"。这种有趣的生活态度，使他们的家庭氛围变得极为快乐融洽。而快乐是一种积极的情绪体验，可以由父母传递给孩子，让孩子笑容满面。孩子需要有趣的家长，这能让孩子更加热爱生活，更积极、更轻松愉快地看待事物，孩子才会成为他们本来的模样。

钱钟书先生是一位有趣的父亲，他与女儿钱瑗极为亲密，一同读书一同玩闹，就像一对小伙伴。

关于父女之间的趣事，钱瑗曾经写过一篇文章，题目为

《爸爸逗我玩》。在文章里她写道：

爸爸喜欢用墨笔在她脸上画胡子，在肚子上画鬼脸。爸爸的拿手好戏是给她编顺口溜，起绰号。有一天，钱瑗午睡后在大床上跳来跳去，钱钟书形容她的样子是："身上穿件火黄背心，面孔像只屁股猢狲。"钱瑗表示父亲的形容不是好话，噘嘴撞头表示抗议，钱钟书就立刻又把女儿比作猪噘嘴、牛撞头、蟹吐沫、蛙凹肚……

钱钟书还喜欢跟女儿玩"埋地雷"——在女儿被窝里偷偷埋藏玩具、书本、小梳子、小镜子等障碍物，让女儿兴致勃勃地去探索发现。

就是这样一个如顽童般有趣的父亲，用自己的有趣感染着孩子，把快乐和温馨传递给孩子，令孩子在风雨飘摇的乱世里度过了无忧无虑的欢乐童年。

其次，有趣的家庭氛围会让孩子有更广阔的兴趣爱好与更乐观积极的心态。前者可以让孩子的生活更有品位，后者则可以让孩子在未来即使面对糟糕处境，也不会一味抱怨，苟且地活着。

心理学上有种说法是"情绪感染"，也就是说，情绪具有很强的传播性和感召性。比如在一个闷闷不乐的群体里，大家都更愿意选择沉默，而在一个互动性好的群体里，大家才愿意互相调侃，彼此也更接近。有趣就是一种可以传递的正向"情绪感染"，可以使家庭成员心态积极，从而更能轻松面对生活中的风雨。

在《爸爸去哪儿》节目中，我们看到陈小春和应采儿的儿子 Jasper 呆萌可爱、乐观爱笑，他会为饭菜点赞，是大家喜欢的捧场小王子。

在爸爸生气时，Jasper 没有大哭大闹，而是搞笑地拿着大喇叭朝爸爸喊不要跟自己凶，这就是父母有趣给予他的"耳濡目染"。

台湾荒野保护协会荣誉理事长李伟文的女儿曾经在书中写道：

"有一次参加作文比赛，老师出的题目是'我最快乐的一天'，当同学都已经快要写完的时候，我却不知道要写什么，因为我天天都非常快乐呀！我真幸运有个天才爸爸和超人妈妈的快乐家庭，在这个浪漫的气氛中培养了我不少兴趣，使我有个充实且多彩多姿的童年"。

有趣对人生极为重要，所以我们在孩子小的时候，就要努力将他培养成一个有趣的人。

那么,如何培养呢?

要想培养孩子的有趣,父亲的榜样作用是极为重要的。不怒而威、沉默寡言,是传统中国父亲的写照。严肃的父亲自然像山一样沉稳可靠,但若要养出有趣的孩子,父亲一定要先改变自己,让自己成为一个有趣的人。

林语堂先生回忆说,父亲林至诚是个极为有趣的人,"富于想象,幽默诙谐""是个无可救药的乐观派",极为擅长用幽默的话语化解生活中的尴尬,不仅在传道时喜欢说笑话,在家里也喜欢跟孩子们开玩笑。一个闷热的夏天,林至诚在教堂里讲经布道,看见男人们坐在一边打盹,女人们坐在另一边聊天,无人听他讲经,于是他幽默地说:"诸位姐妹如果说话的声音不这么大,这边的弟兄们就可以睡得安稳一点儿了。"

林语堂在父亲的风趣幽默中长大,深得其真传,也成为一个极为有趣的人。

林语堂晚年应邀到台北一所大学进行毕业典礼演讲。在他前面的几个人演说内容冗长不堪,轮到林语堂时已经快到中午的饭点。看着台下学生一脸气闷、厌烦的样子,林语堂把原先准备好的演说内容置于一边,从容不迫地走上讲台说:"绅士的演讲,应当是像女人的裙子,越短越好!"简短的几句话之后，林语堂宣告演说结束。这场演讲获得了学生雷鸣般的掌声，第二天，各家报纸争相刊出这次演讲，公认为天下第一等机智幽默。

在有趣的教育中，我们也要警惕一点：区分真正的有趣和低级趣味。

俞敏洪在一次演讲中直言不讳："现在中国几乎所有的互联网公司都是做国内生意，利用人们的低级趣味。"

在儿童游乐中心，我不止一次看到父亲一边带着孩子，一边对着手机上无聊的段子或短视频哈哈大笑；在饭桌上，我也不止一次遇到带着孩子的父亲，不断说着自以为好笑的荤段子，一个人笑得前合后偃。

这样的父亲，并不能算真正有趣的父亲。

关于有趣，不同的人有不同的理解，但真正的有趣一定具备这样一种特质：它能陶冶人的情操，提高个人的思想道德修养；更有甚者，能够催人奋进，给人以精神动力。

要想当有趣的父亲，先要充实自己的内心，多读书，让自己不断汲取智慧。周国平曾说过："幽默是智慧的表情，它教不会，学不了。"这很好地诠释了有趣的内涵之一，那就是智慧。一个真正有趣的人，绝不是一个嘴边环绕着低俗笑话的人，因为凭借他的智慧，他便能从大脑中孕育出有趣的言论。而这些言论也往往脱离了低级趣味。

一个有趣的父亲，更要有积极的生活态度。一个富有理解力的人，有趣；一个坚强而乐观的人，有趣；一个敢于追梦的人，同样有趣。有趣不是消遣取乐的物欲满足，而是对生活抱有奋发向上的积极态度，坚信生活的美好，具备一双发现乐趣的眼睛和一颗懂得分辨低级和高级趣味的心。

此外，有趣是一种天赋，其本源在于永不满足的好奇心。要想成为一个有趣的父亲，就要对外界保持好奇心和探索欲，这也有利于孩子好奇心与探索能力的培养。

人生是在一条直线的时间轴上不断地画圆，每一天都周而复始。但对于有趣的人来说，他们的目光总是面向圆心以外的世界，他们有强烈的好奇心和感知力，他们的圆圈会越画越大，世界也会变得更大更精彩。

9. 独立思考是孩子成长的第一步

孩子成为一个独立的人的第一步，是具有独立思考的能力。真正决定一个人能走多远的，也是独立思考的能力。

《乌合之众》里，勒庞说："群众没有真正渴求过真理，面对那些不合口味的证据，他们会充耳不闻……凡是能向他们提供幻觉的，都可以很容易地成为他们的主人；凡是让他们幻灭的，都会成为他们的牺牲品。"

这个观点在一个多世纪前提出，放在今天依然如此适用。

我们经常看到，有些人极为缺乏独立思考能力，开会时别人畅所欲言，他却只能喏喏地说着同意，或者从头到尾默无声息，说不出半点看法；面对新闻热点时，往往被他人的看法裹挟，跟着转发刷屏，再被各种反转打脸……

无论是人云亦云的行为，还是盲目从众的做法，都是缺乏独立思考的结果。而缺乏独立思考，就会导致一个人无法系统地建立、表达自己的意见。这样的人既无法得到他人的信赖，又很难产生影响力，更难以给人安全感和信任感。

在这个瞬息万变的社会，只有锻炼独立思考力才能脱颖而出。

一个有独立思考能力的人，首先需要遇事多思考，不人云亦云。

英国前首相撒切尔夫人（玛格丽特·希达尔·撒切尔）以"铁娘子"之名而闻名于世。在她的成长过程中，父亲对她独立思考能力的培养厥功至伟。

她的父亲罗伯茨是英国格兰文森小城一家杂货店的店主，在经商的同时，积极投身于公益事业和教会活动，在小城中颇有声望。父亲经常教育女儿要有主见、有理想，告诉她特立独行、与众不同最能显示一个人的个性，而随波逐流只能使个性的光辉淹没。

撒切尔夫人五岁生日时，父亲告诉她："孩子，你要记住，凡事要有自己的主见，用自己的大脑来判断事物的是非，千万不要人云亦云。这是爸爸送给你的人生箴言，是爸爸给你的最重要的生日礼物！"

父亲还曾告诫她："玛格丽特，决不要去做或想那些平常的事情，因为人们早已经做过了。打定主意做你自己想要做的事，并设法说服人们遵循你的方式。"

正因为父亲如此重视孩子独立思考能力的培养，玛格丽特才能从一个普通的女孩成长为叱咤风云的政治家。1979年5月，撒切尔夫人作为英国女首相搬进唐宁街10号时说："我的一切成就都归功于我父亲罗伯茨先生对我的教育和培养。"

著名人类学家玛格丽特·米德在自传中也把自己的许多成功和价值观念归功于她的父亲："他教我思考的重要性，以及保持个人目标的重要性……"

心理学上认为，父亲和母亲在儿童成长中的作用有很大的不同，母亲的教育是"联系性教育"，而父亲的教育是"分离性教育"，意思是：母亲的教育侧重于依恋、保护、爱，常与安全感、舒适感相连。因此我们常常希望母亲给孩子感性教育，让孩子充满温暖的光芒；而父亲的教育则侧重于独立精神的培养，能鼓励孩子自由探索，发展孩子独立思考的能力与自主精神。

日本作家狩野未希在《哈佛大学的6堂独立思考课》中，根据哈佛大学提倡的自我意见建立法则和批判性思考，提出了为意见找根据、区分事实和意见等建立独立意见的几个步骤，告诉我们如何学会真正的独立思考。

要想培养孩子独立思考的能力，我们就要警惕"听话"教育。我们总是听见家长对孩子说要"听话"。所谓"听话"，表现在孩子老老实实听长辈的话、不反驳、不思考、长辈不允许的事坚决不做等等。这类孩子看起来确实很"省心"，但这样的"省心"是以独立思考能力的削弱为代价的。

要让孩子自己思考，就要鼓励孩子大胆发表意见，敢于、乐于发表意见，为孩子营造轻松民主的家庭氛围，不要把自己对事物的判断、好恶强加给孩子。

／母亲的情绪决定家庭温暖／父亲的格局决定家庭方向，

要想培养孩子的独立思考能力，父亲要多多引导孩子思考。在日常的生活中，我们要通过不断提问让孩子回答的方式，帮助孩子养成思考的习惯。当孩子遇见疑难问题向父亲求助时，不要直接把答案告诉孩子。一旦父亲不假思索就把完整的答案告诉孩子，孩子在下一次遇上自己不懂的问题时，就会懒得动脑而直接寄希望于家长的解答。

面对孩子的问题，父亲可以启发孩子运用自己学过的知识和经验去自己寻找答案，激励他主动思考、分析，进而产生学习动力。如果孩子真的想不出来，父亲可以把复杂的问题分解为若干简单的小问题逐步提示，提示时要给孩子足够的思考时间，不要因为孩子思考较慢，就不耐烦地将答案告诉孩子。当孩子答错时，也不要心急地责备，可以选择一步步引导孩子思考，启发他自己去纠正错误，解开疑惑。

为了提高孩子的思考能力，父亲也可以主动给孩子提出一些问题，与孩子一起讨论、分析，设计解决问题的思路，参与解决问题的过程。这个解决问题的过程最好运用到分析、归纳、推理的技巧，并要求孩子设想解决问题的方法与程序，引导他通过逻辑分析而非感性判断来得出结论——这个过程最能提高孩子的独立思考能力。

为了提高独立思考的能力，父亲还可以鼓励孩子大胆尝试,将自己的奇思妙想付诸实践,在实践中检验思考。一旦孩子将自己的思考付诸实践并且取得成功,他的思考积极性就会被大幅激发,变得更爱思考。尝试失败也没有关系,面对失败,父亲可以引导孩子理性分析自己做出错误行为的原因,从而修正方向,改变方法,及时止损,这也是锻炼思考能力的好办法。

在信息爆炸时代,一个独立思考的人,还应该具有信息甄别的能力。

我们每天都在接触大量信息,这些信息中充斥着无用信息或者错误信息、谣言。信息甄别的能力,既包括从海量信息中去芜存菁地择取有用信息,又包括独立分辨谣言与真话的能力。

若想提高孩子信息甄别的能力,父亲在日常教育中,首先要让孩子知道信息都是片面的,单一渠道、单个角度往往不能看清事件的全貌,最好多几个角度和信息来源进行综合比较,然后再进行判断。其次,父亲不妨告诉孩子,在传播信息的时候,人们往往会根据自己的理解进行加工,因此信息难免会带上发布者的个人感情色彩,我们不能轻易被表象和诱导性信息蒙蔽。再次,父亲还需要帮助孩子学会分辨真假信息,对所有的"据说""据可靠消息""消息人士透露"的信息都要谨慎看待,即使是那些看起来可靠、精确的信息也有可能是假的。

当然,能做到以上教育的父亲,首先自己得是一位有独立思考能力的人,否则孩子的教育也将无从谈起。正如前苏联教育家克鲁普斯卡娅所说:"家庭教育首先是自我教育。"在培育孩子独立思考能力的时候,父亲需要先具备独立思考能力。那些总是被网络信息蒙蔽双眼的父亲,那些因为一张未经证实的煽风点火帖子就热血上脑的父亲,很难教出有独立思考能力的孩子。

10. 不要毁掉孩子的深度思考力

1906年10月,汉娜·阿伦特出生于德国汉诺威市,她的父亲是来自俄国的犹太移民。与当时家长教养女儿的普遍做法不同,汉娜·阿伦特的父亲并没有在文学、艺术等感性领域培养女儿,而是着力从思维能力上教养女儿。在长期的思维训练下,阿伦特考进了弗莱堡大学的哲学专业,攻读哲学、神学和古希腊语。其后,她转至海德堡大学雅斯贝尔斯门下,并获得哲学博士学位。1951年,《极权主义的起源》一书的出版,奠定了汉娜·阿伦特作为一个政治理论家的国际声望。后来随着《人的状况》《在过去与未来之间》《论革命》等著作的出版，汉娜·阿伦特成为了20世纪最伟大、最具原创性的思想家、政治理论家之一。

汉娜·阿伦特之所以能拥有缜密的思维、深刻的思想与独到的洞见力，与父亲对她思考力的训练是密不可分的。

在孩子的思考力培养中，独立思考能力是孩子成长的第一步。然而要想让孩子走得更远，除了独立思考的能力，还需要深度思考的能力。

一个人的理性思维体现在以下方面：尊重事实、讲求证据的实证意识；运用逻辑推理、讲求思维的严密态度；讲求质疑的创新精神等等。而独立思考与深入思考，构成了一个人理性思维的基本要素。

关于理性思维，心理学上给出的基本判断标准包括：

（1）独立性：思维能力强的人必定是善于独立思考的人。即使他请教别人、查阅资料，也是以独立思考为前提的。

（2）灵活性与敏捷性：对事物反应迅速且灵活，不墨守成规，能较快地认识、解决问题。

（3）逻辑性：思考问题严密而且科学，不穿凿附会，不支离破碎，得出的结论有充足的理由和证据，前因后果思路清晰。

（4）全面性：看问题不片面，能从不同角度整体地看待事物。

（5）创造性：对问题能提出创造性见解，别人没想到的他也能够想到。

在独立思考基础上，一个人能进行判断性思维，包括思维过程中的全面洞察、逻辑分析和评估，创造性地解决问题等，才是能深入思考的表现。

在多年的教育工作中，我们看到孩子的深度思考力正一点点被减弱。

以前我们说电视使得孩子习惯于感官满足而不愿通过读书思考，而今，这种状态非但没有改变，反而随着网络的普及、短视频的铺天盖地袭来而变得越来越严重。

这些是如何影响孩子成长的呢？

我们会发现，电视、网游或者大量短视频以及类似事物有一个共同点：创设虚拟空间，制造感官刺激，让人消磨时间。这些感官刺激带来的满足感太容易获得，刺激性大，是一种不用太浪费脑力即可获得的"高阈值刺激"。

有的家长会不以为然，孩子不就是玩个游戏，看一会儿笑话，或者刷一下短视频吗，怎么就慢慢失去思考力了呢？

偶尔玩游戏、看笑话、刷短视频当然没有问题，必要的放松是可以有而且应该有的，张弛有度是保持学习兴趣的重要方法。

但是，我们会发现，现在这些孩子玩游戏、刷短视频的时间已经远远超出了"偶尔"，他们会长时间躺在沙发上刷视频、玩手游，或是长时间坐在电脑前玩游戏。当他们长时间沉迷于"高阈值刺激"，会造成怎样的后果呢？

当一个人的大脑习惯了轻而易举获得强烈刺激，不用动脑筋就能得到快乐，他就会慢慢地不愿再做需要动脑筋的事情。打个比方，一个人如果习惯了口味很重的食物，他就会很难品尝出清淡滋味中的美好，这是因为人的感官满足的阈值是不断升高的。当游戏、短视频等强度的感官刺激也满足不了一个人的需求时，他就会选择更高强度的刺激。到时候，他选择的东西可能会超出家长的预料。

而一旦孩子习惯了这种唾手可得的高阈值刺激与感官满足，他就不愿再去做那些需要思维高投入却感官满足较少、很难带来高阈值刺激的事情，比如在高度专注的状态下完成作业，深度阅读，或者是独立而深入地思考问题。

这意味着，孩子们会越来越不愿意动脑，渐渐失去思考和判断力，最终的结果，别说深度思考力缺少，就是独立思考力都将不复存在。

除了会导致孩子们失去思考力，游戏、短视频等高刺激事物还会导致孩子们失去学习上的专注力，因为不能满足感官刺激就无法专注，孩子们在学习上自然难以集中精神。

家长是孩子行为的榜样，在思考力上，父亲尤其是孩子的榜样。孩子深度思考力缺失的背后，我们看到的，是无数父亲深度思考力的缺失。

十九世纪，意大利经济学家维尔弗雷多·帕累声称，20%的人占有80%的财富，另外80%的人则被边缘化。

当贫富差距越来越大，如何解决这80%人的不满情绪呢？

一位叫布热津斯基的美国人提出了著名的解决办法："只要给这80%的人塞上一个奶嘴，他们就会像婴儿一样，乖乖地听从那20%人的管教。"

这个所谓的"奶嘴"指的是什么呢？

"奶嘴"指一切可以使成年人像婴儿那样不需要思考而产生安抚感与依赖性的事物，比如游戏、综艺、娱乐新闻、搞笑视频等大众化娱乐产业。

一旦人们陷入这些娱乐的感官刺激，他们就会变得失去自我，不愿思考，丧失独立思考与深度思考的能力，也就会浑浑噩噩，易于管理。

现在看，是不是很多成年人正陷入"奶嘴"的快乐中而不自知？

当一个父亲给孩子做出如此范例，又怎么能指望孩子拥有深度思考的能力？

不要毁掉孩子的深度思考力，首先需要父亲自己习惯于深入思考，然后再影响孩子，教会孩子深入思考的办法。

哪些办法是父亲可以参考并教会孩子的呢？

首先，父亲可以与孩子一起，拒绝那些肤浅的综艺、影视剧、恶搞视频、娱乐圈资讯，不让自己成为"愉悦感"的奴隶。当父亲只阅读最优秀的作品，不断思考，孩子自然也会抛弃那些空虚无聊的刺激物，而学习父亲的做法。

其次，要让孩子学会多角度思考问题，全面分析问题。

诺贝尔经济学奖获得者卡曼尼认为，我们的大脑有快慢两种做决定的方法。常用的、无意识的"系统1"依靠情感、记忆和经验迅速做出判断；有意识的"系统2"通过调动注意力来分析和解决问题，并做出决定。

"系统1"是快思考，直觉思考；"系统2"是慢思考，理性思考。父亲不妨引导孩子，通过全面分析与多角度分析，来发展自己和孩子的理性思考。

再次，我们要引导孩子学会质疑与追问。质疑接收到的消息是深入思考的第一步，只有对接收到的信息保持怀疑，才能进一步地分析、追问。那么，如何质疑呢？我们需要整合、串联收集到的信息，把众多信息联系起来通盘考虑，找到其中的矛盾处与相似处，然后不断从逻辑层面推敲，直到逻辑自洽。而反复推敲与追问，则是保证自己持续思考、不在纷繁信息中迷失的好办法。

此外，我们还要引导孩子跳出问题来看问题。我们常说"当局者迷"，当一个人处于问题圈中时，很可能看不清问题的真相；只有跳出来，以旁观者的角度，才能看得更清楚。

最后，我们还应鼓励孩子不断拓展思维，让孩子大胆开拓全新的想法，开拓自己的思维，找到与众不同的另类思路。

在信息过剩的年代，我们随时都能获得大量信息。如果我们失去深入思考的能力，很容易就会被信息淹没，无法决策和行动。

面对时代的浪潮，只有引导孩子积极思考，才能让孩子不轻信不盲从，更好地成长。

11. 与孩子一起自律

自律的人未必都会成功，但成功者一定是自律的。

斯坦福大学沃尔特·米歇尔博士在 1966 年到 1970 年进行过有关自制力的一系列心理学经典实验——"棉花糖实验"。

研究人员找来一群幼儿园小朋友，小朋友可以选择一样零食作为奖励（有时是棉花糖，有时是曲奇饼、巧克力等等），然后让每个小朋友独自待在一个房间里，再跟他们约定：如果 15 分钟之后，这块棉花糖或者曲奇饼、巧克力还在，就可以再得到一块作为奖励。

有些孩子立刻吃掉了零食；有些孩子纠结半天后，忍不住流着口水吃掉了；最后不到三分之一的小朋友，则成功用各种方法摆脱零食的诱惑，坚持到 15 分钟后研究人员归来。

这个实验之后，每隔 10 年，心理学家都要对参与这个棉花糖实验的孩子做一次回访和评估。在后续的跟踪调查中，研究者发现能为偏爱的奖励坚持忍耐更长时间的小孩（即当年忍住不吃零食的自律者）通常具有更好的人生表现，如更好的SAT成绩、教育成就、身体质量指数、社交能力，乃至事业上的表现等等。

这个心理学上的著名实验说明，自律的人显然比不自律的人更有成就。

我们在过去十几年里，不断强调快乐教育、素质教育，很多家长简单地把快乐教育等同于放任孩子，这是不对的。在孩子的早期教育中，放任只会让孩子失去自控力，从而变得一事无成。自律与自由快乐从来不是矛盾的。德国哲学家康德说："自由即自律，自律是最大的自由。"

在孩子的教育过程中，家长一定要给予孩子必要的干预，在孩子没有形成自律的时候，对他进行"他律"，然后逐渐把这种"他律"内化成"自律"，从而影响孩子的一生。

《中国诗词大会》上，诗词歌赋信手拈来的董卿惊艳了许多人，观众评价其"最是书香能致远""腹有诗书气自华"。她的诗书之气不是平白得来的，她曾在节目中透露自己每天坚持阅读一小时，为了保持这个习惯，她的卧室里没有电子产品只有书本，睡前安静看一个小时的书，然后睡觉。这种自律的生活习惯，才造就了她的才华横溢。

而她的自律，正是来源于她父亲对她的影响。

董卿在上海出生，幼年时随外公外婆生活，长到七岁左右被父母接到安徽入学读书。将她接到身边后，父亲规定她每天抄成语，抄古诗，并要求大声朗读、背诵下来。稍微大一点，又让她抄古文。多年如一日的积累打造了她扎实的文学功底。

除了文学功底，父亲还特别注意她的身体锻炼。每天天刚亮，父亲就把睡梦中的董卿从床上提起来，让她到家门口淮北中学的操场上跑一千米。

正是父亲对她的严格，使董卿有着良好的自我管理能力，由"他律"变成严格"自律"。

被美国《时代周刊》誉为"人类潜能导师"的史蒂芬·柯维说过："不自律的人就是情欲、欲望和感情的奴隶。"

一个人一旦失去了自律习惯，就会迅速让体质和精神状态滑向不可救赎。

很多家长抱怨说："我也知道自律的重要性，也经常教导孩子要自律，但孩子就是不听啊。"

那是为什么呢？

卢梭在《爱弥儿》中说："人的教育在他出生的时候就开始了，在他不会说话和听别人说话以前，他就已经受到教育了，教育的基础是家庭。"

上海一所民办小学在幼升小招生时列出了一项要求：看家长身材，肥胖的不要。

很多人认为这条规则奇葩，嘲笑说："孩子的学习与家长的身材有什么关系？"

学校给出的解释是：家长肥胖意味着家长不自律，而家长不自律会导致孩子不自律；家长疏于身材管理，也就意味着这个家庭自我管理能力差。

学校的做法虽然有点极端，但还是有一定道理的。

调查显示：50%的孩子有自己模仿认同的对象，其中78%的孩子以自己父母为认同的偶像。

在抱怨孩子不自律的时候，家长可以先想一想，自己是怎样的人。

著名力学家、清华大学工程力学研究所所长黄克智院士有三个孩子。长女清华大学毕业，后入麻省理工学院读博士；

长子北京大学毕业，后入哈佛大学读博士；幼子在斯坦福念的本科和博士。三个孩子都是靠自己的能力，拿到全额奖学金出国留学的。

为什么黄克智院士的孩子如此优秀？我们可以看看黄克智院士自己是怎么做的。

黄克智在南昌上完小学后，因日本侵华而随全家颠沛流离，辗转读过好几所中学。战乱与动荡的生活、贫寒的家境，给少年黄克智的学习带来许多困难，他常缴不起学费，寒暑假只能步行一百多里地回家。然而，面对种种困境，他格外勤勉而发愤，初二时他跳级考取高中，16岁时以全国联考江西省第二名的优异成绩考入中正大学。1947年，以全班第一的成绩大学毕业。

黄克智教授一生治学严谨，极为自律，在他的影响下，他的孩子上小学时就知道不做完功课绝不能玩。小儿子从四年级开始跟着电视广播课程学习英语，坚持多年每天早起背完单词再去学校。

后来黄克智院士的三个孩子都成为各自行业里的精英，其中长子黄永刚成为美国工程院院士、中国科学院外籍院士，为中国力学事业的发展做出了巨大的贡献。

由此可见，自律的父亲才能养出自律的孩子，勤奋的父亲才能养出勤奋的孩子。

我们再看看现在很多不自律的儿童,他们的父亲又是怎样的。

有位父亲跟我抱怨说:"我家孩子特别不自律,做作业、睡觉、吃饭、上学都靠大人催,催了半天他也不动。但是他玩手机打游戏却能一整天不眨眼。"

这个孩子在旁边插嘴说:"老爸自己还不是天天睡懒觉,要妈妈喊他起床喊三遍,凭什么管我?他自己下班回来就玩手机,凭什么不让我玩?"

父亲不满地说:"读书是为你好,又不是为我好,我不读书没关系,我又不用考试,你不一样……"

是不是很多家长都这么想?我不自律没关系,反正我又不用考试;孩子才需要自律,因为关系到他的成绩。

类似的情况还有很多,家长想减肥,管不住嘴;想运动,迈不开腿;想早睡,到了半夜还躺在床上精神抖擞地刷手机。

他们认为,这些都没关系,我做不到自律也无妨,关键是我要教会孩子自律。

可是,家长行为缺少基本的自控力,孩子是看在眼里的。光"言传"不"身教",孩子怎么可能信服,又怎么可能将自律内化为基本行为规范？

有人会反驳："我的工作已经这么累了，回家放松放松怎么了？难道为了养个孩子，我就要累着自己？"

如果你这样想，就别再责怪你的孩子不自律，不努力。

为人父母是一种责任，要承担责任必然不会轻松。承担责任虽然不意味着放弃独立的自我，却意味着要放弃很多不良行为。父母的不自律、偷懒放纵，或许就是孩子明天不成器的原因。

那么，如何才能做到自律呢？

管理学上有个"2190定律"，即一个行为，在正确的指导下，重复21次能成为习惯，重复90次能稳定固化下来。

这条定律应用到自律上再合适不过。比如，父亲可以和孩子一起制定某个目标，共同坚持，相互监督，坚持90天后，大脑和身体就会自动促使你这样做，你就渐渐养成了自律的习惯。

俞敏洪说："没有自我管理，人生难以变得更好。"

自律的父母，孩子通常不会差。

与孩子一起自律，与孩子一起自我管理，家庭才能走向更好的方向。

12. 让孩子学会承担责任

责任感指个人对自己和他人、对家庭和集体、对国家和社会所负责任的认识、情感和信念，以及与之相应的遵守规范和履行义务的自觉态度。

从孩子呱呱坠地那天起，他就是一个独立的人，一个独立的人身上必然担负着对自己、对家庭、对社会、对他人的责任与义务，这是人必须完成的使命。

被誉为"纽约最完美富家女"的艾琳·兰黛是雅诗·兰黛夫人的孙女，同时也是雅诗·兰黛集团现任高级副总裁和创意总监。在兰黛家族第三代传人里，擅长广告企划的艾琳·兰黛是做出最多贡献的一位，无论是商业作为还是社交表现，都堪称"完美"。

她对产品与服务不放过任何一个细节、精益求精的态度为她赢得了极佳的口碑。她曾带领她的团队花了大量的时间咨询时尚人士，并去了很多秀场实地考察当今流行色——只为了让赠品手提袋的颜色更美。而这些，与她从小所受到的

"责任"教育有着极大的关系。

她在接受媒体采访时说，一天，当她准备出门上班的时候，读幼儿园的儿子哭喊着问她为什么非要去工作。她回答，这是因为这份事业是她的责任。

"雅诗·兰黛夫人千辛万苦开创了这份事业，我们必须将这份事业继续下去，让你的曾祖母感到高兴、自豪。而且你要热爱自己所做的事情，并将这种热情传承下去。"艾琳·兰黛告诉儿子，"等你将来长大了，无论做什么都要努力做到最好，而且要充满热情。"

一位儿童心理学家曾说："我不能理解父母们为什么要教育他们的孩子推卸责任。一个不懂得承担责任的人是不会有任何出息的！"

要想让孩子有责任感，我们应该让孩子学会承担责任。让孩子承担责任，包括层递推进的三个阶段：对自己负责、对家庭负责、对社会负责。

父亲作为传统意义上家庭的"靠山"，是"责任"二字的化身，因此在孩子责任感的教育上，父亲责无旁贷。

首先，父亲应该引导孩子对自己负责。

有些家长特别宝贝孩子，对孩子紧张过度，孩子一有负面情绪，他们就表现得毫无原则，随意答应孩子的不合理要求，或是把责任都推到别人（或其他东西）头上。

比如，孩子很小的时候，都会有走路时不小心撞到东西的情况，有些家长的教育是，指着被撞的凳子等东西对孩子说："都是这个凳子不好，我们打它！"

这个看似平常的场景反映的问题是很严重的。这是从小就给孩子一个心理暗示：我的受伤、失败、倒霉等等，都是别人的错，是别人拦了我的路，而非我自己不小心。

这样教出来的孩子，往往脾气骄纵，得不到就哭闹，遇事喜欢推卸责任，没有担当。

所以，在培养孩子的责任意识时，我们要教会孩子对自己负责。遇到问题先反省，是不是我自己做错了，我可以怎样弥补。

要想培养孩子的责任感，父亲也要有较强的责任意识，并在平时的待人接物、为人处世中体现出责任心。例如，面对错误不要逃避责任、指责别人，而应该首先反省自我。父亲若这样做了，孩子看在眼里，自然也会学着承担自己的责任。

在培养对自己负责的意识时，我们还可以多给孩子一些选择。

选择和责任是相辅相成的，人的责任感是在不断地自我选择中形成的。

一个孩子，如果每次都是被动接受父母的指令，自己没有选择权，他也就不会主动承担责任；只有当这件事是他自己主动做出选择时，他才有可能感知到自己要为自己的行为负责。

比如，当孩子说他要带玩偶出门时，如果家长一口否决，不给孩子决定权，孩子也就无从担责。而如果家长肯定孩子的决定权，然后跟孩子约定"自己的东西必须自己看管好，父母不对这个东西负责，如果丢失了你也要坦然接受结果，父母不会再买一个给你"，他就会开始权衡，权衡自己能不能看管好自己的物品，权衡自己能否接受失去玩偶的后果。他的责任心也就慢慢培养起来了。

其次，父亲应引导孩子学会对家庭负责。

现在很多成年人只知道"啃老"，不愿赡养父母，那往往是因为他从小就缺乏对家庭的责任感。

从孩子小的时候，我们就一定要让他明白，他是家庭的一分子，他必须为家庭做出贡献。

这个锻炼，可以从让孩子做家务开始。

前几年，有研究机构发布了中美儿童家务对比清单。清单显示，在美国儿童在9~24个月时自己扔尿布；2~3岁时扔垃圾，整理玩具；3~4岁时浇花，取报纸，喂宠物；4~5岁时铺床，摆餐具，把衣服折好放进柜子，准备自己第二天穿的衣服；5~6岁时擦桌子，收拾房间，换床单，准备第二天上幼儿园的各种东西；6~7岁时洗碗盘，独立打扫房间；7~12岁时做简单的饭，使用洗衣机，帮忙洗车，扫地拖地，清理洗手间，把垃圾箱搬到门口街上。

而中国儿童在9~24个月时认字；2~3岁时背唐诗；4~6岁时开始各种才艺学习；6~12岁时忙着写作业、补习班和才艺兴趣班。

做家务劳动不仅可以培养孩子爱劳动的好习惯，还可以让他懂得，他是家庭的一分子，他对这个家有责任和义务，不能一味索取不付出。

研究者马蒂·罗斯曼发现，做家务能让孩子懂得"奉献"对家庭的重要性，进而让他们长大后成为善解人意的人。经常做家务的孩子与不做任何家务的孩子相比，长大后更容易拥有成功的事业，与朋友及家人能相处得更好。

在引导孩子做家务的时候，家长可以先把维持家庭正常运转必须要做的所有事情列出清单。然后，把只有父母才能胜任的事情一一划掉。接着，大家一起针对剩下的家务进行讨论，并就每件事情由谁负责达成一致。通过家庭会议制定家务分配规则，让孩子明确自己在家庭中的职责，这有助于孩子更有责任心。

最后，人在社会中生存，就必须有为社会做贡献的基本责任感，父亲应培养孩子做有社会责任感和公民使命感的人。

美国著名女政治家希拉里·克林顿的父亲是当地最著名的富商。父亲爱孩子，但从不娇惯孩子。父亲认为，孩子必须懂得付出才能有收获，因此，他从不给孩子们零花钱，总是鼓励孩子们自己动手赚钱。没有零花钱的希拉里曾在夏天采集蒲公英，以换取微薄的酬劳；稍大一些，则开始帮邻居带小孩、在商店做销售员以赚取零花钱。

父亲担心优渥的家庭环境会毁掉孩子对他人的同情心，为了让孩子懂得生活的不易并体察他人的艰难，会常常带孩子们去乡下小木屋住，过着苦行僧般的日子，提醒孩子们要珍惜自己拥有的一切。此外，父亲为了培养孩子们的社会责任感，还经常开车带孩子们穿过芝加哥的贫民窟，让孩子们目睹贫民窟中生活的艰难，并让他们思考将来可以怎样改变贫民窟百姓的生活。

在父亲的引导下，从上学开始，希拉里一直是学校和社团中的活跃分子。1965年，她进入马萨诸塞州韦尔斯利学院，主修政治学，并成为第一个在韦尔斯利学院毕业典礼上发表演讲的学生。从耶鲁大学法学院博士毕业后，希拉里成为美国著名的罗斯律师事务所历史上第一位女性合伙人，两次被评为"全美100位最具影响力律师"。

由希拉里的经历看，正是父亲的教育让她心怀大众、服务大众，成为具有崇高社会责任感的人。

13. 给孩子制定规矩

邻居家有个读幼儿园的小姑娘，看上去胖乎乎的，但三天两头生病，一生病就请假在家，不去幼儿园了。

有一次我跟这个小姑娘的奶奶聊天，奶奶告诉我，这个小姑娘特别爱吃零食，薯片、冰淇淋当饭充饥，正餐吃不下，所以看起来胖但经常生病。

我问："那为什么不限制她的零食，规定她必须好好吃饭呢？"

奶奶苦笑："她不听啊。不给她吃零食，她就躺地上打滚哭闹，别说我没办法，她爸妈也没办法啊。"

我劝她："你们要狠狠心给她制定规矩，这是为她好，断掉零食，不肯吃饭就饿着，慢慢给她形成习惯。"

奶奶连忙摇头："那哪行，她一哭我就舍不得。"

这样无原则无底线的教育方式，不是爱，而是纵容，这种纵容只会害了孩子。

孩子一旦被纵容，会导致怎样的后果呢？

新闻里曾报道，某年冬天，一个流浪汉蜷缩在墙角睡着了，几个小孩觉得好玩，就把好多炮仗堆在了他身上，然后点燃，可怜的流浪汉被活活炸死。事发后，几个孩子的家长纷纷辩解："孩子还小不懂事，那个流浪汉恐怕也不是好人，死有余辜。"

流浪汉的性命难道不是性命吗？如果你不给孩子立规矩，告诉他什么是可以做的，什么是不能做的，他就会渐渐变得没有是非观，没有道德观，不敬畏法律也不敬畏生命，最终成为不受约束的恶魔。

俗话说："没有规矩，不成方圆。"规矩是我们日常生活中必须遵守的行为规范和准则，同时也意味着养成生活的规律与行为习惯。

玛乔丽·费尔兹博士在《儿童纪律教育——建构性指导与规训》一书中指出："规矩必须从儿童内部建构或发生，才能成为儿童自身的规矩。"可见，从孩子幼年开始，家长就必须培养他的规矩意识，规矩对于孩子的成长极为重要。

在规矩意识的培养上，象征"权威"的父亲会比母亲更有说服力，因此对孩子规矩意识的培养，由父亲来做，常常会更加有效。

在给孩子制定规矩的时候，父亲要注意以下几个方面：

首先，规矩需建立在孩子充分理解的基础上。在制定规矩前，要先给孩子讲解为什么制定这条规矩，这条规矩的必要性在哪里，让孩子因为信服而遵守，而非屈服于家长的权威。讲解的时候，语言要简洁、清晰，方便孩子抓住重点，让孩子记得住。

其次，规矩要合理。合理的规矩应该符合儿童心理特征，能促进孩子的发展，而不是为了家长自己方便。有些家长给孩子制定"不要出去玩""爸爸打游戏时别来找爸爸"的规矩，是极不合理的。

再次，规矩应该越明确越好。越明确的规矩越有可执行性,孩子才不至于手足无措。比如,如果父亲给出的规矩是"做个听话的好孩子",孩子就会茫然一片,不知道该怎么办。如果换成"晚上九点必须睡觉""饭后一小时内不能蹦蹦跳跳"等,孩子就会知道应该怎么做。

在孩子小的时候,因为能记住的事情有限,所以规矩不宜制定得太多。对于学龄前儿童,我们只需几条基本规矩即可。主要包括:

规矩一:养成固定的、健康的生活作息,包括健康饮食、按时睡觉和起床、积极锻炼等基本方面。对于孩子爱吃零食、挑食的习惯,睡眠不规律的习惯和不肯运动的懒惰状态,一定要明令禁止。

规矩二:不允许粗野行为。粗野行为包括讲脏话,用暴力手段强制别人服从自己等等。一旦孩子出现以下情况,家长一定要严厉制止,帮助孩子明辨是非。

规矩三:做家务。做家务能帮助孩子培养责任心,还能增强孩子的动手能力,更能锻炼孩子解决问题的思维方式,是能促进儿童全面发展的习惯。

规矩四:分清"自我"与"他人"。孩子早期会模糊自己与他人的界限,对于喜欢的物品伸手就拿。家长应该帮助孩子分清"我的""别人的",知道自己的东西需要保护好,别人的东西不能拿;知道答应他人的事情要努力做到;允许别人和自己想的不一样;知道公共场合是有"他人"的场合,不能大声喧哗,不能奔跑等等。

规矩五:做错事情不仅要道歉,而且要想办法弥补。家长常常因为心疼孩子而对孩子的错误视而不见,这是纵容了孩子。当孩子做错事的时候,我们一定要让孩子道歉,不仅道歉,还要让孩子做出实质性弥补,否则道歉将流于形式。如弄坏了别人的玩具,在道歉之后还要用自己的零花钱赔给别人等等。

规矩六:遵守先后次序。比如,让孩子懂得"排队轮流玩"的规矩,在需要排队的游戏(如滑滑梯等)中按顺序耐心等待等等。

等孩子上小学以后,我们的规矩可以进一步增加,比如"每天看书一小时""每天上网时间不超过20分钟""完成作业才能玩"等等。

为了帮助孩子遵守规矩,父亲们不妨这样尝试:

一,以身作则,树立榜样。如果一味要求孩子遵守规矩,自己却不遵守,孩子就会无视规矩。比如很多家长一边对孩子说，过马路要看红绿灯，要走斑马线，一边自己横穿马路。这种情况下，孩子会觉得即使不遵守规矩也是没有关系的。

二，对孩子遵守规矩的行为积极表扬。表扬可以提高孩子遵守规矩的频率，家长的物质鼓励或是语言表扬，能使孩子获得愉悦的体验，促使他将道德价值内化于心。

三，破坏规矩要受到惩罚。幼儿心理学家罗斯蒙特说："所有的孩子对于规矩都会加以测试，唯其如此，他才能知道这些规矩到底存不存在。规矩是要展现出来的。光是告诉孩子应该遵守规矩，孩子无法信服。"惩罚能够让孩子清楚知道什么事情不可以做，从而把需要遵守的规矩内化于心。

在惩罚的时候，一方面惩罚力度不宜太小，否则没作用；另一方面不要使用体罚的方式。我们可以与孩子事先说好惩罚措施，通过取消其部分权利的方式进行惩罚。比如"如果答应别人的事情没有做到，那么一个月之内不准去儿童公园玩"，或是"如果抢夺其他小朋友的玩具，半年之内不允许买新玩具"等等。

在惩罚前，还有一点需要注意，对不守规矩的后果，家长需要事先告知孩子。如果家长事先不告诉孩子破坏规矩会受到惩罚，事后又因孩子破坏规矩而惩罚他，孩子就会非常愤怒，觉得家长没有把话讲清楚。另外，这个惩罚不要每次随意变化，尤其是不要随家长心情指数变化，那样孩子会不把惩罚放在心上，并且觉得规矩本身不成规矩。最好是有明确的惩罚量化，每次只要破坏规矩就会受到定量的惩罚。

四，通过游戏形式寓教于乐。孩子小时候，往往很难理解家长的说理，因此家长不妨通过游戏的方式，让孩子自然而然地接受相应的规矩要求。比如，孩子破坏欲特别强的话，父亲可以陪他一起搭积木。孩子要是伸手把父亲搭的积木推倒，父亲也不必发火，可以平静但坚决地把孩子的积木也推倒，然后告诉他："你破坏别人的东西，别人也就可以破坏你的东西。你不遵守规矩，就不能要求别人遵守规矩。"让孩子通过游戏知道不守规矩的后果，会比单纯说教让孩子印象深刻。

爱孩子，是我们的本能；给孩子立规矩，让他成长为一个品德高尚的人，则是我们的责任。规矩与爱统一起来，才能成就孩子的未来。

14. 做孩子心中的"超级英雄"

我相信每个人心中都住着一个英雄。

英雄是每个人心中的信仰，在很多孩子的眼中，父亲就是那个独一无二的"超级英雄"。

与母亲的爱相比，父亲对孩子的作用更近似于"围墙""后盾"。母亲象征柔软与温暖，而父亲象征强大有力的保护者。

一个能让孩子觉得是"保护者""超级英雄"的父亲，对孩子的影响不可估量。

2016年，第十五届欧洲杯足球锦标赛在法国举行，克罗地亚国家队队长达里奥·斯尔纳率队出征。

达里奥·斯尔纳生于1982年，小时候身体素质一般，教练并不看好他，是父亲始终鼓舞他，给他信念，陪他坚持最枯燥艰苦的训练。父亲曾说："达里奥的老师说，他不适合踢球，不过我根本不信，我知道他是天才。"

欧洲杯小组赛首场比赛中，斯尔纳带领克罗地亚队1:0力克土耳其队。

然而，本场比赛结束后，斯尔纳回到更衣室才知道，年迈的父亲已经在故乡去世。接到噩耗的斯尔纳悲痛万分，匆匆赶回国参加葬礼。葬礼上，未能见老父最后一面的斯尔纳对着棺材深情一吻，泪洒棺木。

心目中"超级英雄"的离去让斯尔纳回乡的身影无比孤寂，犹如丧失依靠的幼童。当时，很多人以为斯尔纳不会再进行下面的比赛。法国《队报》这样评价："在一场开放的比赛中，克罗地亚击败了土耳其，这场战役中斯尔纳表现出色，然而赛后他肯定会痛不欲生，因为他的父亲在比赛进行过程中去世了。虽然克罗地亚迎来了开门红，然而对于斯尔纳来说，这场胜利带给他的无疑是悲伤和苦涩。本周五，克罗地亚将在小组赛第二场比赛中对阵捷克，届时斯尔纳能否首发登场，现在还不得而知。"

然而，仅仅过了五天，斯尔纳再次回到赛场上，因为父亲的遗愿是让他代表国家队好好地继续踢欧洲杯。

小组赛第二轮，克罗地亚与捷克队的比赛，斯尔纳出现在首发阵容中。赛前奏国歌仪式上，当克罗地亚国歌《我们美丽的祖国》奏放到那句"当他亲爱的人步入天国，当他活着的心脏在跳动"时，斯尔纳也许是想到了父亲，眼泪夺眶而出。

此后斯尔纳战愈勇，次战2∶2战平捷克之后，斯尔纳又率领球队在小组赛最后一场以2∶1绝杀西班牙，以小组头名出线。

八分之一决赛，克罗地亚队遭遇葡萄牙队，赛前奏国歌仪式中，斯纳尔再次落泪，这一幕打动了无数球迷的心。

赛后，斯纳尔接受采访时解释自己的两次流泪："他（父亲）一生所做的一切都是为了我，为了克罗地亚足球的胜利。我回家后他们告诉我，父亲最后的愿望就是我能代表国家队继续好好地踢欧洲杯。我的所有亲人们都希望我能回来坚持为克罗地亚而战。"

父亲给了斯尔纳最大的支持，给了他无与伦比的信心与勇气。这正是父亲的意义之所在——作为孩子最可靠的保护者，成为孩子心中超级英雄般的存在；任凭风雨来袭，只要父亲在，孩子就能无所畏惧。

既然孩子为父亲赋予了如此崇高且责任重大的使命，作为父亲，究竟该如何做好孩子童年时的"超级英雄"呢？

除了现实中的父亲，孩子们心中常见的虚拟英雄人物有孙悟空、奥特曼、超人、钢铁侠、蜘蛛侠等。这些英雄到底拥有哪些共同点，让孩子如此迷恋？

可以发现，这些超级英雄有两大共同点。一是拥有普通人无法拥有的超能力，强大且正义；二是他无处不在，遇到困难时只要喊一声，他就会及时出现，拯救受困者于水火之中。前者可以激励人勇敢面对现实的困难和平淡，后者则能让人得到安全感的满足。

因此,要成为孩子的超级英雄,父亲在孩子面前,应表现出属于男人的坚强和勇敢。

有些父亲,遇事喜欢抱怨:在一家团聚的晚饭时间不断抱怨自己工作中的困难,以及对他人的不满,这对孩子的影响是很糟糕的。孩子一方面会发现,自己的父亲很没用,根本不是"超级英雄";另一方面也会变得爱抱怨,推卸责任,怨天尤人。相反,在面对困难的时候,父亲若能表现出冷静果断、坚强勇敢以及自信乐观的模样,孩子既会觉得父亲了不起,又会自觉以父亲为学习的榜样。

更重要的是,父亲还应关注孩子的情感需求,给孩子坚定的爱,让孩子知道,父亲的爱是不会因为任何事情而收回的,父亲永远在他背后,保护他,支持他。

两次获得奥斯卡金像奖最佳女主角的简·方达是好莱坞著名演员亨利·方达的女儿。孩童时期的她十分可爱,却很少获得肯定与赞美,这埋下了她一生自卑的种子。弟弟彼得·方达出生后,父母把更多的关注放在了弟弟身上,更使得她的情感需求一再遭到漠视。13岁父母离异,母亲自杀,跟随父亲生活的简·方达因恐惧而努力向父亲寻求她极为需要的安慰和抚爱，却因父亲的再婚和忙碌而屡遭忽视。

感情需求长期得不到满足，简·方达变得自卑、内向，怀疑自己，十几岁开始多次尝试自杀，二十多岁患上神经性贪食症，直到五十岁才在治疗下有所好转。

从简·方达的经历可以看出，作为保护者形象的父亲的缺席，会给孩子带来巨大的童年阴影，从而让孩子感到胆怯、不安，精神受困。

因此，在孩子的成长过程中，如果父亲抱着"男主外，女主内"的念头而把孩子丢给母亲，忽视孩子，对孩子的成长是非常不利的，将给孩子的性格带来不可弥补的缺失。

为了让孩子情感不缺失，父亲在很多方面需要注意。

比如，不要用"不爱"来威胁孩子，哪怕是开玩笑也不可以。

我们经常听到有父亲在孩子不听话时威胁他"再不听话，爸爸不爱你了"或是"你再哭，我就把你丢出去，你永远都不许回家"。还有父亲喜欢逗弄孩子，跟孩子开玩笑说"你是垃圾桶里捡来的，哪天爸爸心情不好，就把你再丢回垃圾桶"。

这样威胁或者玩笑之后，孩子通常不会止哭，反而会哭得更厉害。这是因为他心里会产生这样一种意识——父亲不是永远的后盾，而是随时都可能失去的。由此孩子会产生强大的恐惧心理。

在二孩家庭，还有些亲戚朋友会故意逗孩子说"你爸爸妈妈不喜欢你了，他们只喜欢你弟弟（妹妹）"，甚至孩子的父母、祖父母也会威胁大宝说"你要再不听话，我们就只要弟弟（妹妹），不要你了"，这些都会给孩子带来强烈的恐惧不安。

还有些父亲，因为过于简单粗暴，喜欢打骂孩子，也很难让孩子感受到可靠的爱。当孩子年纪还小的时候，他会因为无力反抗而屈服，但他心中累积的，是对父亲的不满与疏离，就像如果漫画里的英雄用自己的力量去伤害应该保护的人，那被保护的人就会变得憎恶英雄，甚至成为反派与英雄对立。

父亲们，且做孩子心目中最了不起的"超级英雄"，让孩子不畏惧风雨，勇敢走下去吧。

Ⅱ 母亲的情绪，决定家庭的温度

1. 母亲的情绪影响孩子的一生

情绪是每个人身心不可分割的一部分,它的产生常常受潜意识控制。由于生理结构的不同,与男性相比,女性的情绪波动会更大,情感活动也更强烈,因而母亲的情绪对孩子的影响也常常会比父亲情绪的影响更大。

如果说父亲是一个家庭的"火车头",决定着家庭前进的方向,那么母亲就像空调和供氧设施,决定了家庭的温度与含氧量。只有温度适宜、含氧充足的家庭,才能让孩子如小树一样茁壮成长。

英国精神病学家、心理学家鲍尔比提出了著名的"依恋关系理论",指出儿童与母亲的依恋关系格外重要。依恋理论认为,早期亲子关系的经验形成了人的"内部工作模式",这种模式是人的一种对他人的预期,决定了人的处世方式。内部工作模式会在以后的其他关系,特别是成年以后亲密关系和婚恋关系中起重大作用。

其后，加利福尼亚大学洛杉矶分校精神病学和生物行为学院教授斯霍勒博士在"依恋关系理论"的基础上又指出——婴儿出生时已经有一套情绪机制的基础了，但是婴儿并不会管理自己的情绪，他们需要依靠喂养者（多数情况下是母亲）去教导他们如何管理这些情绪。

根据斯霍勒博士的说法，刚出生的婴儿没有关于"自我"的感知，至少在生命最初六个月里，婴儿感觉自己和母亲是一体的，他们不能准确感觉到自己和母亲的界限，因此母亲的情绪会很容易影响到自己的孩子。

婴儿最初的情绪犹如一团混沌，模糊不清，在与母亲一次次的互动中，婴儿通过感知母亲的情绪来进行情绪认知，通过参考母亲的情绪管理方式来建立自我情绪管理。当婴儿感知到母亲的平和情绪时，即使在哭泣中，也会慢慢放松下来，渐渐停止哭泣。

母亲的情绪不仅影响孩子的情绪认知与情绪管理，更与孩子的脑发育密切相关。孩子出生后的三年内，大脑神经元会成倍增加，并且形成自己特定的基础结构，母亲与孩子的互动塑造着脑部更高级的管理区域。孩子和母亲之间的情绪互动和情感交流，会对孩子大脑神经元的发育有显著影响。

这一时期，如果母亲不能回应孩子的情绪，或是母亲情绪淡漠，那孩子会感觉得不到安抚，无法准确认知各种情绪，就会觉得未来可怕，进而产生发展性创伤。

这一时期，如果母亲过于情绪化，波动强烈，易躁易怒，孩子则很难学会自我情绪管理，导致情绪失调，形成内部混乱。

无论是情绪淡漠还是情绪混乱，以上两类都是母亲不良情绪的表现，都会使孩子在长大之后难以正常感知自我和他人的情绪，或形成情感障碍，或频频情绪失控，难以平和度过人生。

关于母亲情绪淡漠是怎样深刻影响孩子的情绪，曼彻斯特大学心理学教授埃德·特洛尼克曾经做过一个非常有名的实验——静止脸实验。

实验过程如下：

实验之初，母亲与1岁大的宝宝正常互动、玩耍，母亲与宝宝打招呼，宝宝根据母亲的笑容给出微笑的反馈。宝宝随意用手指向不同的地方，母亲的眼睛顺着宝宝的手看过去，给宝宝鼓励。宝宝的脸上明显露出笑容，表现得十分愉悦。

其后，"静止脸"游戏开始，母亲变得面无表情，不对宝

> 母亲的情绪决定家庭温暖／父亲的格局决定家庭方向，

宝做任何情绪反馈。宝宝发现了母亲的不对劲，开始想办法引起母亲注意。

接下来，宝宝尝试多种方法与母亲互动，包括对着妈妈笑，手指向远方，希望引起母亲的关注，但是母亲始终面无表情，没有任何情绪波动。

两分钟不到，始终得不到母亲情绪反馈的宝宝表现出了明显的负面情绪，转身到处看，感觉到巨大的压力。紧接着，宝宝情绪崩溃，号啕大哭。

实验结束后，母亲赶紧开始说话，宝宝情绪慢慢稳定下来。

这个实验过程的视频在网上可以看到，能够看出孩子的情绪变化非常明显。

实验结果证实，在母亲对宝宝毫无反应的这段时间，宝宝的心跳明显加速，体内压力激素增加，如果持续下去，他大脑关键部位的细胞可能死亡。

埃德·特洛尼克教授总结说："婴儿和所有人类一样，天生需要与他人互动。当我第一次做这个实验的时候，都不知道与他人连接对孩子来说有多重要，也不知道当婴儿不能与他人连接的时候，消极影响又有多大。"

关于母亲情绪波动大、易躁易怒对孩子产生的影响，现实案例数不胜数。

2018年，江苏省泰兴市黄桥镇发生了一起因母亲情绪失控而导致的悲剧。

2018年1月5日，母亲陈某下班后发现三年级的儿子弄丢了手机。在寻找手机的过程中，陈某认为儿子"无意丢失手机"的言辞是说谎，用手背击打儿子两个耳光。一通寻找后，手机未能找到。回家之后，陈某检查儿子的作业，发现儿子没有完成英语作业，更加生气，又举起木棍猛力击打。儿子的噩梦还没有结束，陈某又发现儿子没保管好文具，这件事如火上浇油，让原本就愤怒难忍的陈某彻底情绪失控。陈某举起刀对儿子说："你再说谎我就给你放血。"

"妈妈，你听我解释，不是这样的。"9岁的儿子惊吓地躲到桌子底下大哭，"妈妈，我很孤单，我想要你陪我，你可不可以不上班？"

在反复用木棍击打儿子后，已经失去理智的陈某又以儿子说谎为由头，用缝衣针对儿子的嘴、腿、脚等部位狠狠戳了几十下。

1月6日清晨，陈某起床后发现儿子身体冰凉地躺倒在卧室地上，随后拨打120急救电话。可惜待急救人员到场时发现，孩子早已死亡。

经法医鉴定，孩子的死因是用钝器反复击打致全身广泛性软组织损伤引起创伤性、失血性休克合并肺脂肪栓塞。

3月20日，泰兴市检察院对陈某批准逮捕。

在两位女检察官面前，陈某哭到几乎昏厥，机械地不断重复孩子那天说的两句话——

"妈妈，我很孤单，我想要你陪我。"

"妈妈，你听我解释！"

然而她的儿子再也不会回来了。

这个妈妈不爱孩子吗？当然不是。她会给孩子检查作业、检查文具，这分明是一位关心孩子、尽心尽责的母亲。然而，望子成龙心太切，加上无法控制自己的情绪，导致她越爱孩子，就越会给孩子带来伤害。

母亲情绪失控暴打、怒骂孩子的事情并不少见，对孩子心理的创伤一次又一次加深。这当然是极端的个案，但对孩子心理，甚至身体产生的影响是无法追回的。

有一本绘本叫《一生气就大吼大叫的妈妈》。一只企鹅宝宝瑟瑟发抖地说："今天早上，我妈妈发脾气，冲着我生气地大叫。结果，吓得我全身都散开飞跑了……我的脑袋飞到了宇宙里，我的肚子落入了大海里，我的嘴巴插在了高山上。最后发脾气大叫的妈妈又将我找了回去，把我修补好……"

被母亲的吼叫声吓得魂飞魄散的小企鹅,虽然最后被妈妈找到,但受过伤害的心灵早已无法弥补。

虽说孩子的情绪与感官有一部分受先天影响,但更多的是受到后天家庭的影响,尤其是母亲的影响。母亲的情绪决定着家庭的温度,决定着家庭的和谐程度。母亲是孩子情感依赖的主要角色,如果母亲在与孩子的接触中,经常展现出不良情绪,那么孩子就可能会走向悲剧。

父爱沉稳如山,带给孩子方向、规则,让孩子更坚毅,更努力前行;母爱则如一缕春风,温柔拂过孩子的心灵,吹走孩子所有的悲伤。母亲的平和情绪是一种内在的引力场,能让家庭氛围温暖和谐,让孩子的一生更宽容,更有幸福感。

2. 与孩子一起做好情绪管理

母亲的情绪对孩子成长与家庭氛围的影响毫无疑问,母亲平和的情绪有助于孩子的心理发展,促进孩子健康快乐成长,使孩子在温馨和谐的氛围中生活。

在教育孩子的过程中，母亲首先需要做好自己的情绪管理，继而影响孩子，教会孩子情绪管理的方法。

罗伯·怀特说过："一个人，任何时候，都不应该做坏情绪的奴隶，不应该使一切行动受制于自己的情绪，而应该反过来，控制自己的情绪。"

一般而言，在遇到开心事的时候，人会表现出愉悦、乐观等积极情绪，情绪管理的重要性这时还不会特别地显现出来。而当遇到困难、挫折、令人愤怒的事情时，人就容易表现出不良情绪（即罗伯·怀特所说的"坏情绪"），一旦坏情绪失控，就可能造成无可挽回的后果，这时候情绪管理就显得格外重要。

对于不良情绪的管理，主要有四种基本形态：拒绝、压抑、替代、升华。

拒绝，指的是遭遇不好的事情，拒绝面对，拒绝承认事件的真实性。比如，在遭遇亲人去世的时候，很多人拒绝承认，坚持认为亲人是去了远方而非去世。在拒绝的状态下，人其实是很难进行情绪管理的。

压抑，指的是主动压制自己的不良情绪，希望自己不要失控。比如，看到孩子考试成绩排名倒数，尽管火冒三丈，却因为害怕伤害孩子而不断深呼吸，强压怒火。无论有没有效果，比起拒绝，压抑是人主动进行情绪管理的一种方法，当事人具有情绪管理的主动能愿。然而，压抑如同治水中的"堵"，一旦控制不住，爆发的力量可能如气球爆炸一样破坏力巨大。

替代，指的是转移不良情绪的目标。比如，面对一个能力低下却喜欢指手画脚的上司时，你满腔怒火，又不敢直接对着上司骂，于是你选择摔东西，这种迁怒就是一种情绪的替代。相比压抑的"堵"，替代将不良情绪发泄了出去，是一种变相的"疏"。然而这种"疏"对于成为替代对象的人或者事物而言，是一种无妄之灾。在家庭环境中，孩子常常是最弱势的那个，因而当家长怒火高涨时，孩子一般都会成为迁怒对象，承担家长最糟糕的情绪面。

升华，指的是将种种消极情绪转化为积极有益的行为，从而改变自己的心态，使自己的行为升华。比如，你对他人的优秀成果产生了嫉妒之情，但是你没有中伤、抹黑他人，而是督促自己加倍努力，并学习对方的优秀之处，从而成就更好的自己。升华既是自我情绪的最佳调节方式，也是人的品质的一种升华。

母亲的自我情绪管理，主要指用正确的方式探索自己的情绪，理解自己的情绪，然后调整自己的情绪，从而使自己内心平和，使情绪波动保持在正常范围内，不至于失控。

一般而言，面对孩子种种让人不满之处，母亲产生负面情绪、不良情绪几乎是必然的事情，也是很正常的事情，没必要因此而过分焦虑。母亲的情绪管理不是要去除或压制情绪，而是在觉察情绪后，调整情绪表达的方式，避免伤害孩子的肉体和心灵。也就是说，情绪管理的关键在于如何适当表达自己的情绪。即使是对孩子的行为产生不满、伤心等消极情绪，如果通过冷静的叙述与分析让孩子知道，而非用暴怒责打等失控方式来表达，那也是合适的做法。

为了保持平和情绪不失控，母亲需要常常提醒自己发火对孩子带来的伤害，告诫自己就算孩子迫于情绪威压而听话，也只会产生恐惧和逆反心理，下一次会犯更大的错误。在孩子做错事的时候，母亲不妨在发火前先反复深呼吸让自己平静下来，平静后再与孩子沟通。很多时候，孩子不是不讲道理，而是家长没有给他讲道理的机会。

当然，由于工作压力、生活压力，就算超人妈妈也会累，而劳累是会加重人的不良情绪的。比如前面所说那位打死孩子的母亲，她的失控有很大一部分原因可能是她工作太累了，既要赚钱又要带孩子，孩子还不那么听话，正常人都会产生怒气。面对生活的重压与劳累，有些时候，我们再三忍耐、深呼吸还是控制不住情绪，忍不住想打骂孩子，这都是很正常的。但我们毕竟还是要控制情绪，不能真的在孩子身上发泄情绪，这时又该怎么办？

真到这种时候，母亲不妨先离开，离开孩子的视线，甚至离开家门，去外面走一圈或者找点自己感兴趣的事情做，比如吃点甜品、逛书店、运动一下或者去楼下散个步，转移注意力，转移情绪焦点，等心情平静之后再回到孩子身边。

除了调节自我情绪，母亲还需要教孩子学习情绪管理，这是让孩子终身受益的自我管理能力。

孩子的情绪管理学习主要需要经过三个步骤：认知（准确表达）——接纳（坦然接受）——调节（学习管理）。

在孩子的情绪管理学习中，第一步是认知情绪。认知是管理的基础和先决条件。

孩子三岁以前，常常不能准确感知自己心里的种种情绪到底是什么，只会笼统地表达为"高兴"和"不高兴"（有些孩子表达为"难受"）。因此母亲需要先通过表征描述和事件举例让孩子认知常见情绪，包括高兴、生气、激动、失望、自豪、孤独、期待、悲伤、后悔等等。

母亲可以为孩子做出情绪表达的示范，用"我感到……（情绪），因为……"这样的句式，让孩子准确描述此刻的情绪以及情绪产生的原因。如"我感到很难过，因为今天我把我最喜欢的水杯摔碎了"，或是"我感到高兴，因为今天吃到了很好吃的菜"，等等。通过这样的情绪示范，孩子能积累更多的情绪词汇，还能将自己的情绪勇敢表达出来，增进亲子交流。

母亲还可以通过"你是不是感到……（情绪）"这样的句式来询问孩子，帮助孩子寻找最精确的词语表达情绪。如"你是不是感到兴奋，因为出差的爸爸今天要回来了？"或是"你是不是正在生气，因为小伙伴弄坏了你的玩具？"母亲通过帮助孩子描述情绪，可以让孩子更好地认识情绪，并及时排解负面情绪。

当孩子明白要求得不到满足时他说的"不高兴"是愤怒，最喜欢的玩具丢失时的"不高兴"是难过，没有玩伴的"不高兴"是孤独，反复尝试做一件事却始终不成功的"不高兴"是沮丧……他对情绪的认知就会精确很多。

除了知道情绪类型，母亲最好还能帮助孩子准确表达情绪的强弱程度，让孩子给自己的情绪程度做出描述。比如，针对"难过"情绪，可以让孩子表达为：不难过，有一点点难过，比较难过但是吃点东西（玩玩具）可以缓解，很难过即使吃东西也不能缓解，极度难过忍不住哭……

在认知情绪的同时，母亲需要告诉孩子，任何情绪的出现都是正常的，接纳自己的情绪而不是抗拒，是一件重要的事。

当孩子能准确认知情绪并顺利接纳自我情绪后，母亲可以教他针对不同情绪采用不同的表达和处理办法。比如，面对"后悔"的情绪，能弥补的错误尽量弥补，不能弥补的暂且忘记。在他熟悉了常见情绪的处理办法后，下次遇到类似事件、产生类似情绪时，他就会采取类似的办法来处理。

尽管每一种情绪都是正常的，但对于儿童的发展而言，积极情绪毕竟要比消极情绪、不良情绪更有益，因此母亲需要引导孩子通过调节，多培养积极情绪，有效化解消极情绪。

日常生活中，母亲可以多让孩子看到生活中美好的一面，从身边细节感受种种美好，让孩子经常保持愉悦的情绪。

在孩子面对不良情绪的时候，母亲可以教他用"替代"

或者"升华"的方式来处理。

"替代"的方式主要是转移孩子的情绪注意力。如当孩子愤怒的时候，让孩子不要直接对引起他愤怒的人挥动拳头，而是可以采取打沙包、爬山出汗或者对着山谷大喊的方式来发泄。

我们还可以用"升华"的方式来处理情绪。面对不甘、失望、后悔，可以选择努力弥补。面对不开心的事，可以发掘它开心的一面。如，下雨了，地上的泥水让孩子摔了一跤，孩子表现出"讨厌下雨"的厌恶情绪时，我们不妨引导孩子观察池塘里的水滴形状，或是鼓励孩子穿上雨衣雨鞋去泥坑里快乐地跳一跳、踩一踩。

两个人的沟通，70%是情绪，30%是内容。情绪不对，内容就会被扭曲。情绪不稳定的母亲，只会磨灭孩子的安全感，吼掉孩子遇事好好说话的能力。

对于儿童成长来说，最适宜的、最让儿童感到舒适的情绪是平和的情绪。如果母亲始终能保持平和，则孩子也会放松而愉悦。用自己的情绪影响孩子的情绪，帮助孩子学会情绪管理，母亲责无旁贷。

3. 母亲的温暖给予孩子一生的安全感

戴安娜王妃曾说，她这一生并不幸福。

戴安娜的父亲是子爵，他需要一个能继承自己爵位的儿子，而戴安娜的母亲却一连生下好几个女儿。这导致其父母感情长期不和，母亲经常受人歧视，父母与几个女儿的关系也极为疏远。

戴安娜三岁时，母亲生下盼望多年的男孩，然而长久破损的夫妻感情已不可弥合。戴安娜八岁那年，父母正式离婚，母亲失去戴安娜的抚养权，从此与戴安娜罕少见面。父亲娶了一个不爱戴安娜的继母，一年后戴安娜被父亲送进一所寄宿学校，长年累月不回家。

从小到大父母之爱的缺失，特别是母爱的缺失，让戴安娜有着严重的心理阴影，即使后来成为全世界最有名的王妃，她却依然表现得不自信，总是觉得自己不够美、不够瘦，并患上了神经性暴食症。

戴安娜王妃不幸的源头在于童年阴影造成的安全感的缺失。

一个常年缺乏安全感的人，会变得敏感、胆怯、依赖性强、负面情绪强烈、焦虑、对自己和别人都不够信任、对生活中周围的人与事抱着怀疑的态度等等。

安全感在人一生的成长中极为重要，不可或缺。

人本主义代表人物马斯洛将人类需求从低到高分为五层，分别是：生理需求、安全需求、社交需求、尊重需求和自我实现需求。

情感心理学也认为，先有安全，后有感觉。在感情的世界里，安全感是首要因素，在有安全感的前提下，爱才可能产生。

所谓安全感，就是人在社会上产生的一种稳定的、不害怕的感觉。如果有任何东西让你感觉到恐慌和不安，那么你就会开始缺乏安全感，恐慌越大，安全感越匮乏。焦虑就是缺乏安全感的最大表现，你对现在和未来某方面的焦虑，正展示着自己在这方面的安全感的缺失。

安全感是一个人从出生开始就会产生的情感需求。

心理学上有一个著名的"绒布妈妈"实验。

实验者哈洛博士把刚刚出生的小猴子和妈妈分开，关在笼子里用奶瓶喂养。观察表明，奶瓶喂养的小猴子虽然更强壮，却总是吮手指头、发呆，神情漠然。哈洛博士分析是缺少母爱的缘故，于是为小猴子制作了两种假的猴妈妈。一种是用冰冷坚硬的铁丝编成的"铁丝妈妈"，另一种是用松软的海绵和绒布做成的"绒布妈妈"。"铁丝妈妈"身上有奶瓶，而"绒布妈妈"身上没有。哈洛惊奇地发现，小猴子只有在饥饿时才去"铁丝妈妈"那里吃奶，绝大多数时间，它们都依偎在"绒布妈妈"怀里。

"绒布妈妈"的实验可以让我们清楚看到，即使是猴子也有对母爱的本能的需求，母亲温暖、温柔的爱能让它主动"依偎"，也就是让它产生安全感。

精神分析学家卡伦·霍妮在《精神分析新法》中说："儿童在早期有两种基本的需要——安全的需要和满足的需要。这两种需要的满足完全依赖于父母，当父母不能满足儿童这两个需要时，儿童就会产生基本焦虑。父母给孩子的爱、真诚、尊重的程度，决定着孩子对人产生安全感的程度，也直接决定着孩子长大后对人的态度，以及别人对他建立安全感的容易程度。"

在儿童早期安全感的建立中，母亲因为更多扮演喂养者的角色，而有着更重要的作用。

关于母亲与儿童安全感的关系，我们可以看到，一岁以内的孩子，对母亲行为的反应程度远比对父亲行为的反应程度要强烈，心理学上说婴儿与母亲之间有强烈的"依恋关系"，就是这个道理。

关于婴儿对母亲的依恋，心理学艾斯沃斯使用著名的"陌生情境"测验，把婴儿的依恋类型划分为四种类型：

（1）安全型依恋。表现为婴儿和妈妈在一起时，能够安心地玩耍和探索世界，把妈妈当成"安全基地"。妈妈离开会让他们感到不安；妈妈回来时，他们会张开手臂抱紧妈妈，并很快在妈妈的怀抱中得到安慰。

（2）抗拒型依恋。表现为婴儿随时随地都要粘紧妈妈，一旦妈妈离开就会大哭大闹甚至情绪崩溃。妈妈回来时，他们虽然也希望接近妈妈，但是同时又表现得很生气甚至不愿意让妈妈抱。

（3）回避型依恋。表现为婴儿对妈妈较为冷漠，妈妈离开时不哭不闹，妈妈回来时也不理不睬。

（4）混乱型依恋。此类为抗拒型依恋和回避型依恋的混合模式，表现为婴儿一时很粘妈妈，一时又对妈妈毫不理睬，对妈妈的态度在接近和回避之间来回摇摆。

安全型依恋是积极依恋，而后三类都属于不安全的依恋类型，其中抗拒型依恋、混乱型依恋的婴儿表现为典型的焦虑心理，而回避型的婴儿则表现出情感淡漠症。

婴儿早期对母亲的依恋类型，对他日后发展会有极大影响。安全型依恋的孩子长大后较容易与他人相处，好奇心强，感知幸福的能力强，易受欢迎。而不安全型依恋的孩子则容易孤僻、偏激、人缘差、情商低。

那么，依恋类型的不同又是怎么产生的呢？

研究证实，在婴儿最初一年，甚至最初半年左右的时间里，母亲与孩子的关系决定了依恋类型的不同。出生一个月内的新生儿处于"无社会性阶段"，他们尚且不能明显感知母亲与其他人的不同，只要有人给他们喂奶，给他们温暖舒适感，他们就会高兴。两三个月大的婴儿开始进入未分化的依恋阶段，他们会被任何人逗笑，但他们会更偏向于亲近熟悉的人，尤其是日常喂养者（多半是母亲）。六个月左右的婴儿进入分化的依恋阶段，他们开始"怕生"，不肯让陌生人抱，遇到陌生人时会立刻扭头寻找熟悉的人。这一阶段的婴儿明显表现出"粘人"，尤其爱粘着母亲，这是因为他们开始有了"分离焦虑"的意识，这也意味着婴儿与母亲真正建立起了依恋关系。

在婴儿建立依恋关系的过程中,如果他时刻能感受到母亲的爱,知道母亲一直在身边,他就容易产生安全感,建立安全型依恋;反之则将产生不安全依恋。

正如心理学家丹尼尔·西格尔所说,健康的亲密关系包括四个"S":Safe(安全)、Seen(被看到)、Soothed(抚慰)和Secure(牢固)。安全型依恋来自温暖的亲子关系,孩子们只有被那些感觉到安全的人看护才会觉得安全。

为了帮助幼儿得到足够的安全感,母亲对孩子的需求一定要及时给予回应,不要让孩子产生"被丢弃感"。

很多育儿书中说,孩子小的时候不能一哭就抱,否则会娇纵孩子的任性,导致孩子爱哭闹。这个观点是错误的。

幼童哭闹的原因很多,有饿了、渴了、困了、尿不湿脏了、身体不舒服等原因,也有看不到父母害怕的原因。如果在孩子哭泣的时候,母亲不能及时抱起他给予安抚,他就会有被遗弃的感觉,从而越来越害怕,越来越胆小。

想要培养孩子的独立性,最好的办法不是隔离,而恰恰是及时回应。一旦听到孩子哭或者求助的声音,母亲需要立即回应。如果不能马上走到孩子身边,也要大声说"妈妈在这里,马上就会来",并在孩子等待的过程中不断与孩子说话,让孩子知道没有被母亲丢下。

当孩子感受到母亲始终在他身边，给他温暖与爱时，他就会确认自己是安全的，就会不再害怕外界事物，而敢于向外探索。我们成年人也是如此，当我们知道温暖的家在身后时，才会更敢于出去闯荡。

孩子长大一些，除了及时回应其需求，母亲还需要注意自我情绪的控制，要多给予孩子鼓励，多赞美孩子。若一个孩子总是被羞辱、责骂，他也会觉得不安全，并且慢慢失去原本拥有的自我意识。

除了对待孩子的态度，夫妻双方的感情也是影响孩子安全感的重要因素。如果父母感情不和，总是在孩子面前争吵、相互抱怨，孩子就会觉得父母中有一方可能要离开自己，因而也会产生被抛弃的不安全感，影响他日后的婚恋家庭观。

4. 母亲的情商到底有多重要

情商（EQ）这一概念由哈佛大学心理学博士丹尼尔·戈尔曼于 1995 年首次提出。

丹尼尔·戈尔曼是一位极为伟大的心理学家，曾四度荣获美国心理协会最高荣誉奖项，获得心理学终生成就奖，并两次获得普利策奖提名。他在多年研究与科学论证后得出结论："EQ是人类最重要的生存能力。"他指出，一个人的成就至多20%归诸于IQ，另外80%则要受其他因素（尤其是EQ）的影响，因此人们首先要认识EQ的重要性。

相对于智商（IQ）而言，情商指人在情绪、情感、性格、意志、交际等方面的品质，它反映了一个人控制自己情绪、承受外界压力、耐受挫折、把握心理平衡的能力。情商是一个人发掘情感的潜能，是一个人极为重要的为人处世能力。

丹尼尔·戈尔曼和其他研究者指出，情商由五种特征构成。

（1）自我了解。主要指认识自身的情绪，监视情绪时时刻刻的变化，能够察觉某种情绪的出现，观察和审视自己的内心世界体验。它是情绪智商的核心，因为只有认识自己，才能成为自己生活的主宰。

（2）情绪控制。能妥善管理自己的情绪，使之适时适度地表现出来，即能调控自己。

（3）自我激励。能够依据活动的某种目标，调动、指挥情绪，这能使人走出生命的低潮，重新出发。

（4）认知他人的情绪。能够通过细微的信号敏锐感受到他人的需求与欲望，认知他人的情绪。这是与他人正常交往，实现顺利沟通的基础。

（5）人际关系的管理。调控自己与他人的情绪反应的技巧，即领导和管理能力。

高情商到底有多重要呢？

有人将"高情商"的特征归纳为以下几点：尊重所有人的人权和人格尊严；不将自己的价值观强加于人；对自己有清醒的认识，能承受压力；自信而不自满；人际关系良好；善于处理生活中遇到的各方面的问题。

与之相对，"低情商"的特点则包括：自我意识差；无确定目标，也不打算付诸实践；喜欢依赖他人；处理人际关系能力差；应对焦虑能力差；生活无序；无责任感；爱抱怨。

可见，高情商的人心态相对比较好，能以更积极的态度面对人生，自然更容易成功。同时，大家都乐于同高情商的人交往，良好的人际关系也能使其更成功。

影帝黄渤是娱乐圈里出名的高情商人士。

黄渤相貌普通，小S曾在《康熙来了》节目中当众说黄渤"你长得很特殊唉"。这个"特殊"含有的调侃之意不言而喻。然而，面对他人对自己相貌的嘲讽，黄渤并没有生气，反而笑着说："一开始长得还挺婉约，后来就变得抽象了。"

母亲的情绪决定家庭温暖 / 父亲的格局决定家庭方向，/

又有一次，在金马奖颁奖典礼上，一身风衣装扮的黄渤与娱乐圈前辈郑裕玲共同为最佳男主角开奖。郑裕玲嘲笑黄渤说，这么隆重的场合，自己是盛装出席，为什么你黄渤是穿着睡衣来的？黄渤微笑回应："你是太久没参加金马奖了，而我每年都来，已经把金马奖当作家一样，回到家穿什么？当然要穿得舒服，客人才会盛装出席。"

黄渤说话的艺术很高妙，对晚辈讲话和蔼可亲，对前辈说话谦逊又不会贬低自己的身份，对媒体说话滴水不漏，能用幽默的方式化解尴尬，自然会广受欢迎。

一个家庭中，母亲情商高，是极为重要的。

高情商的母亲，懂得夫妻相处的艺术，孝顺长辈，关心家人的生活，夫妻关系常常比较融洽，家庭自然温馨幸福。孩子有良好的成长氛围，安全感的需求就容易得到满足，也就容易自信、开朗。

高情商的母亲总是能发现孩子的优点，给予孩子正面的鼓励。比起成绩，她们更看重孩子人格的健康，重视孩子与他人交往的能力。人格高尚、善于与人相处的孩子，往往更有潜力。

高情商的母亲不仅是家庭的润滑剂，还能与他人保持着良好互动，这些孩子都会看在眼里，学在心里，以后也易拥有良好的人际关系。

丹尼尔·戈尔曼的研究证明，人与人之间的情商并无明显的先天差别，更多与后天的培养息息相关。因此，在孩子的教育中，母亲不妨用自己的言传身教，来教会孩子提升情商，让他们的未来更乐观美好，人际关系更融洽。

根据情商的五个基本特征，要想让孩子提高情商，有"向内"和"向外"两大方向，包括：

（1）向内——把控自己的情绪，及时察觉自己的情绪变化，并加以控制。

（2）向外——处理自己和他人的关系，懂得从他人角度出发，适应形形色色的人，不会只顾自己想法不顾他人情绪去做某一种行为。

为了做好"向内""向外"，我们首先要让孩子学会划定恰当的心理界限。孩子小时候，常常不懂得"自我"与"他人"的界限，常常伤害他人的情感而不自知，也容易被同伴伤害。因此，孩子提高情商的第一步是明晰"自我"与"他人"的界限，明白什么是自己可以对别人做的，什么是不可以做的；也要明白哪些是别人不可以对自己做的。当别人侵犯到自己的界限，要坚决明确地告诉对方，或者寻求家长的帮助。

孩子常常为了表现自己已经是个有思想的大人而故意抬杠、唱反调。母亲要告诉孩子，这些并不一定是高情商的表现。当孩子与他人意见不同时，勇于表达、合理表达是一件好事情，应该予以鼓励。但是有些孩子并非真的有独到见解，纯粹是为抬杠而抬杠，这就是低情商的表现。

不仅孩子这样，有不少成年人也是这样，他们平时喜欢抬杠、热爱挑刺，经常怼人，常被人称为"杠精"。杠精的特点是不懂看别人脸色，不关注他人情绪，不照顾他人心情，自然也就不那么受人欢迎。

在孩子的成长中，母亲需要格外关注孩子的"杠精"表现，分清哪些时候孩子是在认真表达观点，哪些时候是在抬杠。母亲要告诉孩子，不关注他人情绪的抬杠和怼人，是对他人的不尊重。

与"杠精"相反，高情商的人往往十分懂得说话的艺术，总能说话得体，让人舒服。

演员朱一龙参加微博之夜时，有记者故意给他挖坑，向他提问："在座的这些女演员，穿着如此时尚靓丽，你有没有想要加微信的冲动，或者你想要加哪一个明星的微信？"

朱一龙对着女记者微微一笑："你啊。"

这个问题显然暗含陷阱，无论朱一龙回答哪个女明星的名字，都容易得罪其他女明星，自己也将绯闻缠身。

然而朱一龙的回答机智又得体，既没有得罪人，又夸赞了女记者，还避免了自己传出绯闻，实在是非常聪明。

高情商的妈妈也是如此。她们懂得如何说话，在与孩子说话的时候，明明是引导孩子走向家长期望的方向，却总能让孩子觉得妈妈在为自己考虑，因而愿意听妈妈的话。

比如，孩子放学后独自回家，因为贪玩，在路上多耽误了一会儿。如果妈妈一见到孩子就批评指责他，那么孩子通常会表现出抵触心理。高情商的妈妈则会注意表达的方式，她会温柔地说："你过了平时该回家的时间还没有回来，妈妈很担心你。"这样的话语让孩子知道母亲对他的担忧与爱，进而体贴母亲，下次不再贪玩迟到，这远比批评更有效。

5. 母亲的言行铸就孩子的同理心

日本游戏公司 HIT-POINT 发行的一款名为《旅行青蛙》的游戏曾成功登顶免费游戏下载排行榜冠军。

/ 父亲的格局决定家庭方向，/ 母亲的情绪决定家庭温暖 /

这款养成游戏很容易上手，情节可以说简单至极——玩家采集四叶草，购买装备和食物，让青蛙出门旅行。

这款简单的游戏深得佛系玩家的热爱，从日本本土一路火到中国，成功冲顶年度游戏第一。

为什么这款游戏这么火？

有人说："我就像那只青蛙，一个人在外漂泊，没有亲人，没有朋友，没有钱。我也想像这只青蛙一样出门旅行，大胆追逐梦想，追逐自由。现实中的我完成不了自己的梦想，只能让这只小青蛙来代替我完成。"

可见这款游戏的成功原因，就在于它满足了人们内心的需求，唤醒了用户内心的牵挂、孤独、爱，以及对自由和梦想的向往，引起了人们的共鸣。

能引起玩家的情感共鸣，说明它站在了用户的角度，真正考虑到了用户需要的是什么。

这体现的正是情商中的一个重要方面——同理心。

同理心即认知他人的情绪，指一个人要想真正了解别人，就要学会站在别人的角度来看问题，不把自己的价值观强加到别人身上。也就是我们在日常生活中经常提到的设身处地、将心比心、站在别人角度看问题、为别人着想。

心理学上将"同理心"的强弱程度划分为四个等级。

A-1：很少从他人的角度思考问题，做事情很少考虑到他人的感受；沟通时讲客套话，无法引起对方的共鸣，对方也不愿意将自己的真实想法说出来；不愿意倾听；安排事务几乎不考虑他人的需要。

A-0：能够从别人的角度思考问题，做事情会考虑到他人的感受；与人沟通比较真诚，愿意将自己的一部分想法表露出来；能让人觉得被理解被包容；学会倾听，工作中尽量考虑对方的需要。

A+1：能够站在对方的角度考虑问题，想对方之所想，急对方之所急；能够使人不知不觉地将内心的想法和感受说出来；能够让人觉得被理解，被包容；能够用心倾听；在安排事务时，尽量照顾对方的需要，并愿意做出调整。

A+2：设身处地去感受和体谅别人，并以此作为工作依据。有优秀的洞察力与心理分析能力，能从别人的表情、语气判断他人的情绪。投其所好，真诚，说到听者想听，听到说者想说；以对方适应的形式沟通。

一般而言，在与他人的沟通、交往产生矛盾时，若我们能坚持设身处地、将心比心，尽量了解并重视他人的想法，就比较容易找到解决问题的方法。尤其在发生冲突和误解时，我们如果能够把自己放在对方的处境中想一想，也许就可以了解对方的立场和初衷，进而求同存异、消除误会。

瑞典沃尔沃总部有两千多个停车位，早到的人总是把车停在远离办公楼的地方，天天如此。有人不解地问："你们的泊位是固定的吗？"他们回答："我们到得比较早，有时间多走点路。晚到的同事或许会迟到，需要把车停在离办公楼近的地方。"

有同理心，多站在别人的角度考虑问题，多设身处地为别人着想，彼此之间才能相互配合，相互欣赏，相互支持，才能合作共赢。

为什么说孩子的同理心需要培养呢？

根据瑞士心理学家皮亚杰的观点，儿童在六岁前有一个明显的心理特征——自我中心化。指孩子只从自己的角度，用自己的眼光和感情去看待周围世界，处理遇到的问题。他把每一件事情都与自己关联起来，根据自己的需要和感情去判断、理解事物，完全不能采取别人的观点，不去注意别人的意图，不会从别人的角度看待问题。"自我中心"倾向使人不能清醒地认识客观事物，妨碍着人们的理智，也妨碍着人们的感情交流。

皮亚杰指出，儿童的成长是一个"去自我中心化"的过程。即儿童在成长过程中，通过心理换位，慢慢从以自我为中心过渡到能够设身处地为他人着想，从而在自我与世界、自我与他人之间建立相互联系。

如果父母不注意培养孩子的同理心，孩子就不容易懂得他人的辛苦，不容易站在别人的角度考虑问题，也就很难成为一个有爱心的、懂得为他人考虑的人。

想要培养孩子的同理心，母亲首先要以身作则。

之前，一位赤脚妈妈的背影曾温暖了整个朋友圈，让所有看到的人都忍不住竖起大拇指。

这一幕，发生在江苏省溧阳高级中学的教学楼内。

故事里的主人公是一位高一男生的妈妈。因为儿子把试卷落在家中，当天上午，这位妈妈匆匆赶到学校给儿子送试卷。

到了学校后，她担心高跟鞋声音太响，会影响到专心听课的孩子们，于是她脱下鞋子，赤脚走上了四层楼。送完试卷后，又轻声赤脚走到楼下，这才把鞋子穿上离开。

这一幕刚好被学校一位老师看到，于是拍下了令人动容的照片。

后来这位妈妈接受采访时说，看到教室里孩子们认真读书的场景，谁都不忍心去打扰，每一位家长都会这样做。

两张照片，寥寥数语，百万点赞。这位妈妈的行为感动了无数网友，人们纷纷评论：

"有素质的家长，教出来的孩子也不会差。"

"设身处地为孩子们着想，同为家长，我很感动。"

"潜移默化的身教，真棒！"

"懂得为他人着想的妈妈，是一家人的福气。"

在家庭生活中，家长有家长的立场，孩子也有孩子的立场，每个立场都有自己的感受、理由。

如果母亲只从自身的立场想问题，往往只能看到一件事的一部分，就很容易产生强迫孩子接受自己观点、与孩子无法沟通的情况。缺乏同理心的母亲，很难关注到孩子真正的心理需求，不愿给孩子心理空间，自然很难让孩子接受。

因此，在同理心的培养中，母亲应该经常反思，自己是否设身处地站在孩子的立场考虑问题，并最大限度地理解孩子。如果能站在孩子的角度，感受孩子的心情，就可以客观看待自己的意见，思考孩子的看法，一方面可以促使母亲与孩子间沟通顺利，另一方面也能引导孩子成为有同理心的人。

想要做到设身处地为孩子着想,母亲不妨尝试用这样的句式与孩子说话:

"妈妈知道你受了委屈,知道你现在很难受,让妈妈抱着你好吗?"

"妈妈知道你的出发点是好的,只是用错了方法。妈妈和你一起改变方法,继续努力,好不好?"

"妈妈知道你付出了很多心血,你的努力妈妈都看在眼里,你真是特别棒!"

"虽然最后没有成功,但你没有放弃,一直那么努力,妈妈为你骄傲!"

……

这些话语传递给孩子的信息是:妈妈理解我,妈妈懂得我的委屈,妈妈关心我的内心,妈妈会因为我的伤心而心疼难过,妈妈为我的每一点成就而骄傲,妈妈永远和我在一起。

在同理心的培养上,语言上的宽慰只是一方面,更重要的是妈妈在现实中真正做到尊重孩子的意愿。妈妈不能因为孩子是自己生的,就理所当然地认为孩子得听自己的。要知道，孩子是独立的个体，妈妈不应该强求孩子与自己步伐一致。

孔子说："己所不欲，勿施于人。"从同理心的角度看，不止"己所不欲"不要施与孩子，就是"己所欲"也不应胡乱施与孩子。每个人的喜好不同，母亲的"己所欲"可能是孩子的"所不欲"。母亲真正要做的是站在孩子的角度思考，关注孩子的内心需求，尊重孩子的个体独立性与主观能动性。

有同理心的孩子，将来才会将一条为人处世的基本原则内化于心：人人生而不同，尊重他人是一个人与生俱来的责任。

6. 聪明的母亲不啰唆

绘本《我永远爱你》中有这样的一段对话——

阿力："如果我把枕头弄得羽毛满天飞，你还爱我吗？"

妈妈："我永远爱你，不过，你得把羽毛收拾起来。"

阿力："如果我把画画的颜料洒在妹妹身上，你还爱我吗？"

妈妈："我永远爱你，不过，你得负责给妹妹洗澡。"

这位妈妈是一个很聪明的妈妈，面对孩子的顽皮（把枕头弄得羽毛满天飞、把颜料洒在妹妹身上）没有情绪失控地大声责骂，也没有唠唠叨叨地指责批评，而是先向孩子保证"妈妈永远爱你"，满足孩子的爱与安全感的需要，再对孩子提出明确的、可操作的要求——把羽毛收拾起来、负责给妹妹洗澡，从而让孩子知道，妈妈虽然爱他，但妈妈也有原则，你必须为自己的行为承担责任。可以说，这位妈妈语言简洁，要求明确，既保护了孩子的心，又给了孩子行为指导。

与之相反，很多母亲对自己的唠唆毫无知觉，认为唠唆是对孩子的爱和责任，认为孩子还小，必须时刻敲打、时刻提醒，才能促使其成长。她们以为孩子会被唠唆打动而自觉听话，殊不知，孩子们对此表现出的是深深的反感。

前几年，某小学公布了《"问题学生"调查报告》，调查结果显示——

在回收的2000多份问卷调查中，认为父母不唠唆的学生不到100个，95%的孩子觉得父母唠唆，有的学生还在一旁补加了"超级唠唆""一件事情要说好几次"等。绝大多数学生表示：父母越是唠唆，我越不想听他们的，觉得他们很烦。

母亲的情绪决定家庭温暖 / 父亲的格局决定家庭方向,

"家长啰嗦"竟取代了"父母离异"成为"问题学生"产生的最主要原因。以致人们评价说:"成功的孩子成功在妈妈的心里,失败的孩子失败在妈妈的嘴上。"

到底为什么母亲的啰嗦会引起孩子这么强烈的反感呢?

首先,母亲的啰嗦常和强势联系起来,而强势多半会导致亲子关系的不平衡。

母亲啰嗦的根源常在于母亲自身的焦虑,焦虑孩子不成才,焦虑孩子不够出色等等。强势的母亲将啰嗦转嫁为"指挥",将自己的意志横加于孩子甚至丈夫的身上,指手画脚,要求孩子必须完全听自己的指挥,对孩子的一举一动都要干涉,常常不考虑孩子的感受而为孩子做出决定。

面对这样的母亲,个性较强的孩子会表现出极强的抵触,故意与母亲对着干,甚至为了对抗母亲而做出极端行为。个性较弱的孩子则会表现出表面的畏惧和顺从,但这种顺从不是真正的信服,而是麻木、被动地接受,最终导致孩子一面心里反感母亲,一面又软弱无能地按母亲意愿做事。无论是个性较强还是个性较弱,这两类孩子都不会真正信赖母亲,而会越来越反感母亲。

其次,在日常生活中,一个人每天能说出的有道理的话、能表达的有效信息是有限的，不可能太多。母亲越啰唆，说的话越多，所表达出的无效信息也就越多。当大量的无效信息淹没了有效信息，孩子就会抓不住重点，记不住真正的有效信息，表现出对母亲话语的遗漏，记不住母亲的提醒。于是我们常常会发现这样一个情况：母亲抱怨孩子"不听话"，孩子却觉得很委屈，认为母亲根本没说过这句话。

再次，母亲啰唆对孩子的思维也有直接的负面影响。母亲过于啰唆，老是说车轱辘话，会显得思维混乱、没有重点。孩子长期在这样的话语环境中生长，也容易变得思维混乱，做事不分轻重缓急，遇到问题抓不住重点。

因此，聪明的母亲不啰唆。

为了克制自己的啰唆，母亲可以试试"计时说话"。在忍不住怒气很想教育孩子的时候，先跟孩子说好，你只打算说三分钟，然后拿出手机来倒计时，三分钟铃声一响，立刻停下。这种方法可以在你打算啰唆前帮助你梳理一下自己的思维，很多时候，梳理完毕你就会发现，自己想说的话根本没那么多，有效信息一分钟就能说完，剩下的都是无意义的负面情绪宣泄。

聪明的母亲喜欢听孩子说多过自己说。在倾听孩子说话时，她会和孩子平视，而非让孩子仰着头说话；她会身体前倾，表示她对孩子的话很感兴趣；她会放下手中的事，专心去聆听；她的眼睛会始终注视孩子，用眼睛来表达兴趣和愉悦。

除了通过倾听鼓励孩子说，她还会在孩子说完后帮助孩子从大量话语中梳理、提取出主要信息，分条重复一遍，然后对孩子提出几条原则性建议；对于仅有的几条重点和意见，她还会用写纸条的方式，一目了然地呈现给孩子看。

这样的母亲不啰唆，孩子却能学到很多，他能从母亲的倾听中获得满足，还能逐渐学会重点突出的分条陈述，逻辑思维会变得更清晰。

不啰唆的母亲懂得什么样的说话方式最简洁而又能被孩子接受，通常有以下几种做法：

第一，指令简单、具体、可操作。

母亲啰啰唆唆对孩子说半天"这么大人了，都不知道把自己房间整理一下"，可能孩子依然不知道什么叫整理房间，或者整理到什么程度才能达到母亲要求的整齐。因此母亲不妨把要求分解成具体的做法来说给孩子听，比如"把看过的三本书放回书柜""书桌上用过的草稿纸丢进垃圾桶，没用过的整理成一摞放在桌子左上角""用扫帚清扫自己房间的地板，直到没有纸屑和头发丝"等等。要求越具体越好，每个要求最多说两遍，规定孩子听到立刻做，不要拖延。

当母亲说话的主要内容不是宣泄自我情感，而是给孩子清晰指令的时候，孩子会迅速记住母亲的话。指令越清晰，孩子越容易记住。

第二，用幽默的语言代替啰唆的说教。

德国学者雷曼麦说："用幽默的方式说严肃的道理，比直截了当地提出更能为人接受。"当孩子做错事时，与其啰唆地抱怨、数落半天，不如用幽默的语言来警示孩子，这更能在他们的心灵中留下不灭的印迹，使孩子时刻牢记。

第三，让孩子自己做选择。

在孩子希望自己有选择权的时候，母亲可以把家长能够允许的事情变成选项，让孩子来选择。我们常常问孩子"你要不要……"之类的话，孩子多半会拒绝说"不要"，然后母亲再苦口婆心劝说。遇到这种情况，不妨给孩子一些选择权。母亲先想想哪几件事是在自己允许范围的，然后用"你想要做……（选择1），还是……（选择2）"这样的句式来询问。在有选择的时候，孩子多半会下意识选择其中一个，且孩子会觉得母亲尊重自己，给自己选择机会。其实这两个选择都在母亲的接受范围内，孩子无论怎么选，都是母亲期望的结果。

第四，对于孩子必须做到的事，用平静的语气直接说出要求，而不要用抱怨指责的口气去诘问，也不要用商量语气来询问。

比如，当孩子在电影院里发出声音的时候，抱怨指责的诘问是："你不知道你有多吵吗？你烦死了，你自己没感觉吗？"商量语气是："孩子，你能安静一下吗？"诘问语气侧重于宣泄母亲的不满，对孩子的做法要求不明确；商量语气则会让孩子错以为自己可以选择，一旦孩子选择"不能安静"，母亲又去批评他，这也是一种伤害。

最佳做法是平静但直接地跟孩子说："这里是公共场所，你必须保持安静。如果不能安静，我们就不看电影，直接回家。"这句话跟孩子讲清楚了应该安静的原因——这里是公共场所，讲清楚了妈妈的要求——保持安静，也讲清楚了做不到的后果——没有电影看。这样的表述，孩子会清楚母亲要求自己做到什么，还会在下一次进入公共场所的时候自觉保持安静。

7. 表扬比呵斥更有效

我曾经亲历过一场别开生面的家长会。

为了让家长们了解孩子被家长责骂时的心情，在这场家长会上，老师让家长们扮演自己的孩子，其他家长轮流过来批评他。

扮演孩子的家长委屈地坐在小板凳上，其他家长依次走过来，用着惯常指责孩子的话语来"骂"他：

"你真是笨死了！"

"你连这个都不会，你学是白上了吗？"

"你的心思到底放在哪儿？你不长脑子的啊？"

"你看看你，又考了倒数，我养你有什么用！"

"真后悔生了你，简直是给我自己找气受！"

在轮番责骂之后，好几位被骂的妈妈忍不住哭了出来，还有几位妈妈红着眼睛不肯再骂人。

这只是一个模拟游戏，就已经让一些妈妈忍不住落泪，我们可以想想，当我们的孩子真正经历这些呵斥的时候，他的心里是有多么害怕、痛苦、无助、绝望。

我们都知道"良言一句三冬暖,恶语伤人六月寒",我们面对外人也常常笑意盈盈,可为什么偏偏对着自家孩子就忍不住破口大骂呢?

马斯洛需要层次理论认为,人的生理和安全需要得到基本满足之后,就会产生强烈的自尊需要,渴望得到别人的肯定和尊重,甚至是赞美和崇拜。美国著名心理学家威廉·詹姆斯也说:"人类本质中最殷切的需求就是渴望被肯定。"

台湾作家林清玄做记者时,曾报道过一个小偷作案手法非常细腻,犯案上千起。文章的最后,林清玄情不自禁地感叹:"心思如此细密、手法那么灵巧、风格这样独特的小偷,做任何一行都会有成就的吧!"

二十年后,在一次偶然的邂逅中,一位羊肉火锅店的大老板诚挚地对林清玄说:"您还记得我吗?我就是当年那个小偷。您那篇特稿,打破了我生活的盲点,使我想,除了做小偷,我怎么没想过做正当的事也行呢!"

一个小偷尚且会因为他人的表扬而改邪归正,我们的孩子,如果常被家长用欣赏的目光来发掘其优点,又会取得怎样的成就呢?

古人云:"数子十过,不如奖子一功。"教育艺术的本质在于唤醒、激励、鼓舞。正确的表扬作为一种"性价比"非常高的教育方式，可以对孩子的行为起导向和激励的作用，远比批评更有效。

表扬这种行为，从心理学上看，就是通过不断地正向评价，来强化孩子的正确行为，从而让孩子自觉巩固正确行为，纠正不当行为。

常在家里得到表扬的孩子，更愿意为自己设立较高的目标。因为表扬对于成长中的孩子，犹如阳光对于植物，是一种积极向上的正面力量，会使孩子爆发出强大的潜能，不断朝着更优秀的方向奔跑。

表扬比批评有效这是显而易见的，但是我们也要警惕，不是所有的表扬都是有效表扬。

孩子小的时候，家长每次夸奖他"你真棒"，他都会表现得特别开心。随着年龄增大，他遇到的问题难度不断加深，家长再泛泛地说"你真棒"时，他常常显得无动于衷，甚至不耐烦地说："你别夸我了，再夸我也解决不了这个问题。"

而当我们真的应孩子的要求，不再总是夸他之后，他又会想："妈妈为什么不表扬我了？她是不是对我的做法有什么不满？"

这就是表扬存在的问题。一方面,因为家长的表扬无法帮助他解决实际问题,所以他会觉得表扬本身是无效的,家长的表扬不是出自真心的;另一方面,因为小时候经常表扬,孩子其实对外界的评价变得十分在意,当他不再被表扬,就会自我怀疑。

所以,表扬固然好,但要恰当使用。

对孩子的表扬,首先要在真诚欣赏的前提下进行。

表扬是家长、孩子之间一种真诚的爱的表达。只有真诚的表扬才能够成为孩子心灵深处成长的力量。如果孩子确实没有完成一件事,妈妈却违心地表扬,只会让孩子觉得妈妈不真诚。有时候家长觉得自己的表扬出自真心,但孩子未必这么觉得,这常常是因为家长的表扬有点"夸张",而让孩子感到"假"。

有一次,同事读初中的孩子在我们办公室学习,他把英语课文认真朗读了三遍,另一位同事夸他:"你真是太用功了,一定是全班最用功的学生。"

结果孩子很认真地说:"我肯定不是全班最用功的。我同桌每篇课文都读五到十遍,我只读三遍,他的成绩比我好很多。"

尽管同事的夸赞是真心实意的，但是孩子并不这么认为。当孩子渐渐长大，这种夸张的描述只会让他觉得虚假，而不会起到任何效果。

恰当表扬的第二个原则是适时表扬比时时表扬更有用。

教育家陈鹤琴先生说过："小孩子是喜欢称赞的，这种赞许心，我们做父母的教育小孩子时应当利用，然而不可用得太滥，一滥就失掉它的效用，反不若不用为妙。"

表扬就像巧克力，孩子们都喜欢吃，但没完没了地吃，谁都受不了。如果我们盲目夸奖孩子，不论他做什么都说"我家孩子最棒啦""其他小朋友都比不上你"之类，这并不能帮助他认识到自己的优点在哪里，反而会使他变得骄傲自大。

在孩子真正需要表扬的时候适时表扬他，满足他的成就感，远比时时、事事表扬更有用。

恰当表扬的第三个原则是在是非判断的基础上表扬。

家长的表扬应该隐含价值观判断，通过表扬强化孩子的是非观，引导孩子形成正确价值观和人生观。对于涉及是非问题、道德问题的情况，家长一定不能盲目表扬孩子。如果孩子做错了，就该指出孩子的问题，而非继续表扬。

恰当表扬的第四个原则是多用"描述性"语言表扬，少用"评价性"语言表扬。

"评价性"表扬指的是"你很好""你很棒""你很优秀""你很聪明"等给孩子定性的话语，而"描述性"表扬指准确描述孩子哪一个地方做得好，对这个细节做出描述，然后表扬。简单而言，就是表扬要具体，让孩子知道自己到底哪里做得好，在表扬中指引他进一步强化的方向。

比如，可以这样表扬孩子："妈妈觉得你是个勤劳（表扬）的孩子，因为你今天主动把家里的碗都洗干净了（具体行为）。"

恰当表扬的第五个原则是多进行"过程评价"，少用"结果评价"。

山东一个孩子考试得了7分，他的爸爸买了一千多块钱的烟花，拉到偏远的山地燃放。爸爸说，以前孩子考试都是0分，这次虽然只有少少的7分，对孩子来说却是巨大的进步。放完烟花后，孩子的学习态度有了明显的进步，成绩很快提高到57分。

这位爸爸的表扬，就是关注到"过程"比"结果"更重要。当孩子发现家长一直在关注他的点滴进步，而非只看结果的时候，他就容易在过程中格外有力量，格外努力。

我们在表扬孩子的时候，也不妨多关注孩子努力的过程。比如，孩子学习的时候，虽然花了很长时间想一道题目，但最终做出来的结果是错的，这时候，我们一方面要帮助他找到错误原因并加以改正，使他有所收获；另一方面，也应表扬他的耐心和专注，欣赏他有毅力、不放弃的品质，通过表扬来强化他的意识，使他在今后的学习生活中能始终保持这种品格。

对孩子进行"过程评价"，也就是我们常常说的"看见孩子"。我们能清楚看见孩子的每一点发展，接受孩子的一切完美与不完美，孩子自然也会信心百倍。

最后，表扬不代表不能批评孩子。

当孩子做错事的时候，该指正的问题我们还是要及时指正，该批评的错误特别是道德错误也决不能迁就，否则孩子就不会认识到自己的错误。但是要注意，批评不等于呵斥，批评是冷静客观地指出事件的错误之处，并要求孩子改正，而不是对孩子进行打击性的、辱骂性的呵斥。通过冷静的陈述性批评，孩子会明白自己不是坏孩子，只要自己努力改正不足之处，就能变得更好。

8. 生命教育给孩子涂上温暖的底色

因《中国现代小说史》而享誉海内外的学者夏志清先生

曾回忆他在苏州读小学的时光："我小学读的是桃坞中学附小，虽是教会学校，设备却异常简陋……所谓操场即是一个院子，点缀了几枝夹竹桃，这是全校唯一的天然绿色……"在离开故土半个世纪之后，夏先生一缕乡愁的依附，竟是那几枝夹竹桃。

"杂交水稻之父"袁隆平也曾回忆他的母校重庆博学中学，在半砖瓦半黄泥的校舍周围，是一片风景秀美的山林，鸟语花香，四季如画。七十年过去，留在他记忆最深处的，是周围美丽的山林。

几枝夹竹桃、一片秀美的山林，构成了一个人生命温暖的底色，让人即使身处炮火纷飞的战争年代，依然能感受到生命的本真与美好，让人从少年惦念到老年，记忆穿越半个多世纪依然鲜活如初。

可见，对美好自然与生命的感悟，是一个人与生俱来的天赋。

事实上，全世界教育界都极为重视生命教育。

生命教育的概念于1968年由杰·唐纳·华特士首次提出，他通过在美国创建阿南达村和阿南达生活智慧学校开始进行生命教育的实践。生命教育理念自提出以来，受到世界各国的重视,逐渐形成新的教育思潮。澳大利亚1979年成立了生命教育中心,提出生命关怀的概念;日本于1989年明确提出以尊重人的精神和对生命敬畏的观念来定位道德教育目标;乌克兰2001年开始开设生命科学基础科。

台湾大学哲学系教授孙效智先生认为,生命教育的目的是帮助孩子探索与认识生命意义、尊重与珍惜生命的价值、热爱并展示个人独特的生命、实践并活出"天地人我"共融共在的和谐关系。我国著名生命教育专家肖川教授也说:"贴近生命的需要,揭示生命的真相,引领成长的方向,探索生命的意义,成全生命的价值,这应该成为生命教育的全部追求。"

儿童处于生命起始阶段,对生命问题总是充满好奇。"我从哪里来?""树叶为什么会变黄?""小鱼为什么会死?"等等问题,常常出现在他们的头脑中。在他们对世界充满好奇的阶段,引导他们认识周围的世界,了解生命的存在,学会与他人相处,热爱周围的生存环境,逐步形成正确的生命观,可以为其以后的发展奠定坚实的基础。

对孩子进行生命教育,包括人与自我生命、人与他人、人与自然、死亡与生命四个方面。

首先，我们需要引导孩子认识自我。主要包括自我概念的建立、自我的探索、肯定自我、了解自我的特质与情绪以及欣赏自我。

引导孩子认识自我，可以从引导孩子认识自己的身体开始。我们会发现，从很小的时候开始，孩子们就会关注自己的身体，探索自己的身体对他们而言是倍感神秘和新奇的事情。这一阶段，我们可以通过直观图片的展示和让孩子触摸自己的方式，使幼儿从外到内对自己的身体进行整体的认识，了解身体主要器官的结构特点及功能。同时，通过引导幼儿对生命现象的初步了解，培养他们对生命世界的热爱，培养自我保护意识，形成良好的生活习惯和健康的生活意识。

孩子在四五岁的时候，会向家长询问"我是从哪里来的""人是怎么生出来的"，传统的家长往往觉得难以启齿，但其实性教育是儿童早期生命教育不可或缺的部分，不必觉得难为情。在孩子五岁左右对他进行性教育，告诉他男女生理的不同构造、受精卵怎样产生、孩子如何生出来等等问题，远比青春期发现孩子偷偷摸摸看不良影片要好。

在认识自我是怎么来的之后，孩子还会对"生命起源"产生好奇，会追问世间万物的生命来源。这时，妈妈们不妨利用一些图画科普书籍，带孩子认识宇宙的产生，地球的诞生，认识生命是怎么起源的，哺乳动物的生命都是怎样孕育等等问题，从而让孩子更好地认识生命。

其次，我们还要引导孩子认识自己与他人。认识自我与他人也就是帮助孩子建立和谐人际关系，包括家人亲密关系、包容与接纳、尊重差异、热心助人、爱家人、善意沟通、尊重他人等等。

从具体做法看，我们可以帮助孩子了解生活中的各种职业，认识生活中的各种角色；了解友谊的意义，尊重他人的差异性表现；知道自觉遵守规则与要求，认识与他人合作的重要性；感受他人的爱，对家长、老师和同伴等人产生认同感、亲切感；觉察并尊重他人的情绪需要，在感受被爱的过程中，学会关心他人；乐于与人交往，妥善处理人际交往中的冲突和矛盾，建立良好的人际关系等。

为了让孩子认识自我和他人的关系，在孩子小的时候，母亲可以陪他玩"角色扮演"或者"角色互换"游戏。"角色互换"游戏是母亲和孩子交换角色，让孩子担任母亲角色，来照顾由母亲扮演的孩子。在这个过程中，孩子会知道家人为他付出了多少，感受母亲的辛劳，从而更爱父母亲人，也更懂得体谅他人。"角色扮演"则是母亲和孩子一起扮演其他角色，比如医生和病人，消防员和求救者，让孩子通过帮助他人来懂得只有人人互助互爱，才能创造美好世界。

再次，在认识了自我和他人之后，我们要进一步扩大孩子的视野，对孩子进行自然教育。

卢梭说："教育是人、经验与自然的组合。"大自然不仅能引起人的好奇心，增强人的想象力，更能激发人的创造力，比如牛顿在苹果树下发现了万有引力，达尔文在与昆虫打交道中成为生物学家。

美国历史上有一位极为伟大的环保运动者，名叫马乔里·斯通曼·道格拉斯。马乔里幼年的时候，她的父母常常带着她走进自然，教她观察自然中的一切美好，教她学着温柔地对待自然。

四岁那年，她的父母带她坐游船从坦帕到哈瓦那旅行。日后她回忆说，行程中，她从树上摘下了一个橘子，那个橘子带着自然的清新，给她留下了深刻的印象。

稍大一点，马乔里的父母常常给她阅读关于自然的书籍。当她听到《海华沙之歌》中树木牺牲了自己变成独木舟时，她突然哽咽落泪。

家长的自然教育为马乔里打下了最初的生命底色，成年后，马乔里成了最坚定的环保主义者。她曾花多年时间研究南佛罗里达地区的沼泽地和生态、历史，直到生命结束的一刻，依然在为保护沼泽地而努力。因她对自然保护的卓越贡献，她获得过包括总统自由勋章在内的无数奖章。在她去世后，后人评价她："在美国环保运动的历史上，很少有比马乔里·斯通曼·道格拉斯更了不起的人物。"

自然是人类的心灵故乡，是人类灵魂的最后回归之地。从小教孩子用温柔的心欣赏自然、热爱自然，是帮助孩子回归内心纯净美好的最佳方式。

然而我们也看到，今天的孩子与自然越来越疏离。他们熟练地玩着手机、iPad，却认不出植物和动物；他们看着餐盘里的蔬菜、水果，不知道这些蔬果都是从哪里长出来的。

对此，母亲要多带孩子走进自然，让孩子亲自感受自然形态中的各种美的景象——潺潺的流水、五颜六色的花朵、婉转的鸟鸣、茂密的树叶、巍峨的群山与充满生机的动物等等，这远比他们从书本、电视上看到的更直观，更能让孩子们感知自然的美好，知道保护自然的重要性。

最后，我们要看到，死亡教育是生命教育重要的环节。只有懂得死亡，才能更好地明白重要与美好。

9. 不避忌"死亡"才能更懂得"生命"

2017年，一部迪士尼动画《寻梦环游记》感动了亿万观众。

鞋匠家庭出身的12岁墨西哥小男孩米格，自幼有一个音乐梦，他热爱弹吉他，热爱唱歌，疯狂崇拜着伟大的歌神。然而在他的家中，音乐是被禁止的。米格瞒着家人秘密追寻音乐梦，因为触碰了一把吉他而踏上亡灵土地。米格被绚丽多彩的亡灵世界震撼，当他知道"没有活人记得的人，就会真正死亡"时，他懂得了生与死的关系。令他惊喜的是，他在亡灵世界重逢了他的先辈们，一家人想尽办法将米格重新送回人间。电影的最后，盛大的亡灵节到来了，逝去的家人返回人间与亲人团聚，一家人幸福快乐地唱歌跳舞。

据说由于《寻梦环游记》亡灵题材过于消极，起初是不一定会引进的。直到这部片子打动所有审核人员，《寻梦环游记》才得以上映，让我们看到死亡带来的牵挂，也能如此温暖。

长久以来，我们热衷谈论"生"，却拒绝讨论"死"。死亡，在世人看来是一个恐怖的话题；在家长看来，是难以让孩子接受的问题。我们忌讳死，总是用各种委婉的说法来代替"死"字，更不愿与孩子讨论死亡。

华东师范大学曾有研究小组考察家长和幼儿园老师对于"死亡教育"的态度。结果显示，63%的家长表示"难以接受幼儿园开展和死亡相关的活动"；50%的家长认为"生死教育会让孩子觉得恐怖，对他的身心不利"。由此可见，死亡是家长不愿提及的话题。

然而，"死亡"这个话题真的可以逃避吗？家长不谈，孩子就不会注意到"死亡"这个问题吗？

事实上，无论家长如何避忌，孩子都会关注到死亡，也都会向家长追问关于死亡的问题。

死亡是孩子成长中一个逃不开的话题，与之相比，我们的死亡教育却显得那么苍白贫瘠。

网上有一个热度很高的话题：你的死亡教育是从哪里获得的？

点赞最高的答案是：至亲离世，切肤之痛。

孩子一天天长大，死亡是个无法逃避的话题。他们总会在猝不及防间看到生命的消逝，有时是家中长辈的去世，有时是自己养的宠物的死亡。当他因为身边生命的消逝而担忧、恐惧时，我们不对他进行死亡教育，任由他自己猜测，活在恐惧与阴影中，真的好吗？

死亡教育是一件极为重要的事，也是生命教育极为重要的一个环节。

1977年，美国《死亡教育》杂志发行。美国学者列温顿在首期刊登的一篇文章中，将死亡教育定义为："向社会大众传达适切的死亡相关知识，并因此造成人们在态度和行为上有所转变的一种持续的过程。"

对孩子进行死亡教育，必要性到底在哪里呢？

当孩子第一次知道死亡的时候，他会本能地感到害怕、畏惧。父母越遮遮掩掩，孩子面对突如其来的死亡，越会无法接受、恐惧、担忧。及早对孩子进行死亡教育，让孩子知道"死亡不等于虚无，死亡未必阴暗"，能帮助孩子克服对亲人死亡的恐惧，并因此更加懂得生命的可贵。

另外，心理学研究证明，青少年的自杀倾向和其对死亡概念的模糊性有一定关系。针对儿童进行普及性死亡教育，能让青少年更加珍惜现实时光，更加珍爱自己的生命和他人的生命，降低自杀率。

正因死亡教育的重要性，现今我国幼儿园和中小学也在逐步开展死亡教育，其教育目标主要包括：帮助孩子了解人的生与死以及生命的过程，消除死亡的神秘感；增强孩子抵抗困难与挫折的生命力；鼓励孩子对生命有所追求，激发其对生活的热情，降低校园自杀率等等。

如何对孩子进行死亡教育呢？

不同年龄的孩子，对死亡的理解是不同的，因此死亡教育也需要分年龄段采用不同方法。

1948年，匈牙利心理学家玛利亚·耐基调查了378名3~10岁儿童，发现儿童对死亡的理解是循序渐进的，随着年龄的增长和经验的丰富，他们一点点理解了死亡的全部内涵。儿童关于死亡的认知，大致经历三个阶段：

3~5岁儿童认为死亡是暂时且可逆的现象。这个阶段的孩子对"死亡"没有明确观念，更多的是"分离焦虑"。如果让他科学地了解死亡，知道亲人终究会离他远去，那么可能会适得其反，加重他的不安全感。

这一阶段的死亡教育要避免让孩子直面死亡，如果孩子没有关注到死亡问题，可以暂时不谈；如果孩子已经关注到死亡问题，可以通过故事方式，向孩子拟人化地、诗意化地描述死亡，比如"熊妈妈安详地睡着了，她要睡很久很久"，或是"小花凋零了，它做了一个关于春天的长长的梦"。

5~9岁儿童会认识到死亡是生命的终结，且是永久的现象。但他并不认为死亡是不可避免的，且不会把自己和死亡联系起来。出于对死亡的好奇，这个年龄段的孩子会经常向家长发问。

这个阶段是死亡教育的核心阶段。这一阶段如果家长继续用回避的方式拒绝讨论死亡，则会让孩子产生巨大恐惧感，也会让孩子变得"怕鬼"。

因此这一阶段，要对孩子进行较为正面的死亡教育，家长一要让孩子知道死亡与睡觉是不一样的，死亡意味着器官的衰竭，死亡就是消失了，死亡的人不会再有思维，也不会再醒过来；二要告诉孩子，死亡是一件很自然、很正常的事，人人都会死亡，不必害怕死亡；三要告诉孩子生命的可贵，培养孩子的安全意识和自我保护意识。

9~10岁儿童会了解到"人终有一死"，并把死亡与自己以及家人联系起来。

这一阶段，孩子会担心家人死去，也会担心自己的死亡。因此这一阶段的死亡教育重点是让孩子知道，任何生命都会有由盛转衰的时刻，死亡是生命的必经阶段。并通过周遭小动物、植物的死亡，教孩子用正确的方式、正确的情绪面对死亡，了解生命的意义，更好地珍惜生命。这一阶段，家长还可以带孩子去自然博物馆、科技馆、医院，看看生命尤其是人是如何出生、长大、老去、死亡……

在玛利亚·耐基之后，很多学者对其研究进行了细化。有学者认为儿童对死亡概念要到12岁左右才发展完全，也有学者认为3岁以前孩子已经有了死亡概念，亦有学者指出，个体经历的不同（如过早经历家人死亡或宠物死亡）会导致儿童个体对死亡的认知不同。虽然各位学者在具体看法上有些微差别，但大体而言，后世学者们经过观察、调查得出的孩子对死亡的感知情况是符合玛利亚·耐基的研究结果的。正因如此，家长在对孩子进行死亡教育时，一定要遵循年龄特点和认知水平，循序渐进。

相比我国的死亡教育，美国的死亡教育进行得早且深入，因此在给孩子进行死亡教育的时候，我们不妨借鉴他们的一些做法。

美国的公立学校从20世纪90年代开始，正式展开死亡教育，具体内容包括：

（1）帮助学生消除对"死亡"的恐惧。在课堂上，老师从自然科学的角度，解释人类生老病死的规律，告诉孩子们死亡并不可怕，生命是美好的，享受今天的生命，才是更重要的。

（2）为学生揭示生命的意义。学校组织孩子到医院或殡仪馆里，请医生、牧师讲解捐赠器官的重要性，同时告诉孩子，一个人的死亡并不是全无意义，他的器官能够让另一些人得到生命的延续。

（3）临终关怀。老师和医生带领学生参加对老人和病人的照料，让孩子们明白，每个人都应该而且有可能有尊严地走到生命的终点。

以上这些，家庭教育也可以完成，家长可以代替老师的身份，带领孩子完成死亡教育。

有人说：谁教会人死亡，就是教会人生活。

哲学家海德格尔说："向死而生。"一个人只有懂得了死亡，才能更好地理解生命，才能更珍惜生命。死亡教育，说是谈"死"，实则谈"生"。看清了死亡，才能更好地珍惜生命，着眼未来。

10. 孩子为什么会任性

我们常常听到家长抱怨，孩子特别任性，不肯听人劝，一旦要求得不到满足，就会满地打滚哭喊，令家长头疼不已。

孩子为什么会任性呢？

细分起来，家长眼中的任性有两种情况，不可混为一谈。

第一种情况是孩子的合理要求得不到满足，导致孩子不满哭闹，家长认为孩子任性，孩子却觉得自己委屈；第二种情况是孩子无理取闹，强求家长满足其不合理的要求。

只有第二种情况，才真正可以称为任性。

第一种情况在生活中并不少见。

儿童公园里，一群妈妈带着孩子们在沙堆前玩，孩子们有的带着小铲子，有的带着桶，他们合力搭建城堡，玩得不亦乐乎。

这时，一个衣着整齐干净的孩子走过来了，他羡慕地看了一眼沙堆前的孩子们，转身对妈妈说："妈妈，我想玩沙子。"

妈妈说："不行。你今天穿着新衣服，不能弄脏了。"

孩子委屈地看着妈妈："但是你出门的时候说，今天我想玩什么都可以。"

妈妈还是摇头："你可以玩其他的，比如过山车、旋转木马。这里这么多好玩的呢，为什么一定要玩沙子？"

孩子快要哭了："可我就是想玩沙子。"

妈妈发火："说了不行就是不行，新衣服弄脏了怎么办？这么多玩的你都不要，你怎么这么任性！下次不带你出来了！"

孩子终于号啕大哭。

这个场景是不是很眼熟？这里真的是孩子任性吗？

分明是母亲不讲理！

首先，从孩子的话中可见，母亲事先答应了孩子"想玩什么都可以"。答应孩子的事情做不到，母亲却责怪孩子任性，岂不是不合道理？

如果母亲不能接受新衣服弄脏，那么在出门前就应该跟孩子约定："今天穿的是新衣服，所以今天的游乐项目只能是那些不会弄脏衣服的。"孩子若能接受，则出门玩耍；不能接受则选择其他解决办法，比如换一件旧衣服出门或者不出门。

母亲出门前对孩子做出"什么都可以玩"的承诺，到了游乐场又反悔，只会给孩子这样的信息：答应别人的事情是可以随时反悔的，不必做一个诚实守信的人。一旦孩子经常经历母亲的"反悔"与"不讲信用"，你觉得孩子还会变成一个讲道理、守信用的好孩子吗？

其次，玩沙子本就是符合儿童天性的有益游戏，对启发孩子想象力、培养孩子动手能力都有很大帮助。对于孩子的天性爱好，母亲应该鼓励而非打击。作为母亲，应该想到孩子喜欢玩沙，在出门前就给孩子换上旧衣服或者带一件罩衫。何况，就算新衣服弄脏了又如何？洗干净不就行了吗？对小孩子来说，很难避免弄脏衣服。如果孩子时刻记得衣服不能弄脏，他还敢尝试做什么呢？他可能最后连正常走路都不敢了，毕竟走路也会摔跤，摔跤就会弄脏衣服。

父母是孩子的第一个榜样，也是最重要的榜样。因此，在指责孩子任性的时候，我们最好先从孩子的立场出发，设身处地思考：孩子为什么不听话？是不是家长的话不正确？如果孩子不听话是因为家长的话没道理，家长就不应该指责孩子任性，也不应该要求孩子服从。

第二种情况是孩子无理取闹、一意孤行的真任性。

面对这种任性，我们绝不能纵容。

那么，孩子为什么会任性呢？

在综艺节目《妈妈是超人》中我们看到，马雅舒总是把"不行""不可以"挂在嘴边，时时禁止孩子做这做那，可两个孩子并不买账。这是为什么呢？

节目上有这样两个场景：

感冒中的女儿米娅对妈妈说想吃冰淇淋，马雅舒不同意。米娅直接躺倒在地，大哭大闹。马雅舒无奈同意，带着孩子去超市买了冰淇淋。

在菜场，两个孩子刚吃完蛋糕又要吃面包，马雅舒一口拒绝。姐弟俩立刻放声哭喊，哭喊无果，又对着马雅舒撒娇："妈妈，求求你了。"马雅舒妥协，拿出了面包。

类似场景在他们家随时可见，正如马雅舒在镜头前说：

"我应该是一个很好妥协的妈妈。

"每次只要她哭，我的这个坚持就已经掉到零下了。"

张柏芝的育儿方法正好相反。

在《天天向上》里，张柏芝曾经说到，她的两个儿子都十分钟爱玩具，对此，张柏芝给他们立了一条规矩：每次只能挑选一个最喜欢的。同时，张柏芝告诉孩子们，妈妈说的不可能改变，哭闹也不能改变。

因此她的两个孩子每次只会挑选一件最喜欢的玩具购买，

不会无理取闹，对玩具也格外爱惜。

有没有看出问题？

小孩子都是很"狡猾"的。当他们发现，哭闹或者撒娇就能达成目的，他们自然会为了目的无所不用其极。母亲没有原则地退让，孩子就会得寸进尺。

因此，如果想要孩子不任性，我们就要告诉孩子一条基本原则：不行就是不行，不会因哭闹撒娇而改变。

心理学中有一个"老鼠压杠杆"的实验。当老鼠发现压杠杆能获得食物时，它会频繁压杠杆。如果将每次压杠杆都掉落食物这一设置改成多压几次才会掉落，老鼠就会疯狂压杠杆，没完没了。而当老鼠发现，无论如何压杠杆都无法获得食物时，它就会停止压杠杆。

教育孩子也是如此。

如果孩子发现要挟父母、大声哭闹就能改变父母的立场，从而满足自己的要求，他就会不断运用要挟、哭闹等方式来向家长提出不合理要求，且一次比一次哭闹得厉害。

然后，家长就会无比头疼地抱怨："我家孩子怎么这么任性啊？"全然没明白这个任性就是家长自己的无底线造成的。

为了不给孩子留下"哭闹可以达成目的"的印象，家长需要坚决地拒绝，让孩子知道：不行就是不行，再哭闹也没用。

如果孩子明知家长不会同意，还是每次都要用哭闹的方式来试探家长的底线，家长不妨做出一些警告。警告不是体罚，我们可以尝试隔离冷静、减少其他要求的满足次数等方式来对孩子进行警告。

当然，如果家长事事都对孩子说"不行"，不给孩子选择权和思考权，那就变成了另一种威压与掌控，只会养出"妈宝"。因此，"不行就是不行"的家庭规则最好只用于基本原则问题。这些原则或者家庭规则，家长要事先跟孩子说清楚，不要等到孩子尝试去做了再阻止。对于这些原则性问题，家长绝对不能让步，孩子再哭闹也不能让步。

对于不涉及道德底线和基本原则的问题，我们可以给孩子一定范围内自主选择的机会。范围主要是防止孩子的选择超出家长的承受能力。比如给孩子买衣服的时候，带孩子一起去，给他圈定一个价格范围或者款式范围，让他在范围内自主选择。

光有强制"不行"而没有"自主选择"，孩子会变得只知道顺从而没有自我意识。当孩子能自主选择自己想要的东西，自然不会因为过于抵触而大哭大闹。

除了"哭闹能达成目的"，孩子任性还有一个原因——家长过度满足。

什么是过度满足呢？就是家长常常满足孩子超出家长能力范围的要求。

孩子有时候会说："妈妈，我想买……我们班××就有这个。"孩子对价钱没概念，他觉得自己提出的是合理要求，但这样东西其实很贵，超过家长经济能力，需要家长节衣缩食很久才能买得起。

这时候你会怎么做？

很多家长抱着"再苦不能苦孩子"的念头，或是"我以前没条件，现在一定要满足孩子"的补偿心理，自己省吃俭用甚至向人借钱去购买。

但这样真的好吗？

如果孩子总是被过度满足，他的需求就会没有节制，且一直以此标准来要求家长。一旦下一次家长做不到，孩子就会任性地大吵大闹，质问家长为什么以前可以答应他，现在又不能答应他。

因此，当孩子提出超过家长能力范围的要求时，家长最好直接对孩子进行解释，告诉他父母做不到。"不是所有东西我们都能买得起"的道理，三岁孩子就能理解。家长也不必觉得难为情或者有负疚感，你并不亏欠孩子什么。

"父母之爱子，则为之计深远。"为了让孩子变得更懂事，妈妈们一定要坚守原则和底线，这才是真正为孩子好。

11. 不要养出"妈宝"

有个女孩曾跟我吐槽：现在出去相亲，总是遇到"妈宝男"。

她经历过的几次相亲中，有两个男孩由母亲陪同来相亲，全程男孩母亲跟女孩交谈，男孩在一旁玩手机。整个吃饭过程中，男孩母亲一边跟查户口一样询问女孩的家庭情况、生活习惯、收入分配以及过往恋爱情况，一边不时给儿子夹菜、盛汤，叮嘱儿子多吃两口。

还有一个男孩，虽然是独自来相亲，却在相亲过程中不停提到"我要问一下我妈的意见""婚后和我爸妈住在一起""生了孩子我妈会带的"等等。

这个女孩说完这几次奇葩的相亲经历后,哀号道:"这样的男人,只有一个词可以形容——巨婴!这年头,想找一个独立自主有责任心的男人就这么难吗?"

听了这个女孩的相亲经历,我想起了我表弟。

每逢节假日和周末,我们准备礼物去看父母的时候,他就会苦着脸跟我说:"姐,我不想回家!我宁可上班,也不想回家面对我妈。"

这么多年,我深知他的苦处。三十来岁的男人,在他妈妈眼里,仿佛还是个两三岁需要喂饭的小宝宝。大学毕业后表弟本想去外地工作,以摆脱他妈妈的控制,结果他妈妈一哭二闹三上吊,逼着他回到家乡。即使回到家乡工作,天天晚上回家住,他妈妈还是对他各种不放心,担心他中午忘记吃饭,担心他衣服没穿够,担心他在单位受气,担心他交友不慎被人骗……

每天从早上起,他妈妈就开始进入无限循环叮嘱模式:牙膏给你挤好了呀……早饭在桌上,吃完碗放桌上就行……上班路上开车小心……今晚想吃什么菜……不要跟人在外面吃饭,不干净……

Ⅱ 母亲的情绪,决定家庭的温度

还有好多次天气骤变,他妈妈去单位找他,给他送外套。他说自己办公室里一直备着厚外套,他妈妈说:可妈妈还是担心呀,万一你不记得穿怎么办,不亲眼看你穿上不放心。

被母亲牢牢控制着人生的表弟其实是个挺聪明有礼的孩子,学历相貌也不差,偏偏至今单身。他谈过的几任女朋友都因为他妈妈而跟他提出分手,女孩们表示接受不了"妈宝男"。

表弟苦笑着说:"你以为我想当妈宝男吗?我不知道多想摆脱我妈。可是我能怎么办?我劝她一句,她能哭三天,哭到我头炸开。我要真跟她断绝关系,她能立刻在我面前自杀。我能怎么办?"

无论是主动做了巨婴的"妈宝孩",还是被动接受母亲掌控的"妈宝孩","妈宝孩"的共同特点是:有一个掌控欲过剩的母亲,母亲与孩子处于一种纠缠共生的畸形亲子关系。

纠缠共生的畸形亲子关系,往往有这么几个特点:

第一,母亲全面入侵孩子的生活,不给孩子一丝空间。

有些母亲觉得,孩子是我生的,就该无条件听我的话。这样的母亲一切都按照自己的想法来,从来不听取孩子的意见,所有的控制行为都会用"我是为你好"这句话作为掩饰。

孩子即便不饿，只要母亲认为该吃饭了，就会强迫孩子吃饭。她们规划孩子的整个人生，一旦孩子提出反抗，她们就会暴怒着说："你怎么这么不听话，你太让我失望了！"

这样的母亲不停地践踏孩子的尊严，总是以"你还小，我替你……"这样的方式跟孩子说话，完全不给孩子任何私密的空间，导致孩子缺少身份认同，最终培养出缺少独立性和自我意识的"妈宝孩"。

生物学上有"外来物种"一说。一个外来物种侵入适宜生长的新地区后，其种群会迅速繁殖，并逐渐成为当地新的优势种，不断侵占其他物种的空间，破坏生物的多样性，加速物种灭绝，严重破坏当地的生态安全。

这样的母亲正如"外来物种"，拼命挤占孩子的时间与空间，把自我死死地捆绑在孩子身上，导致孩子窒息、扭曲。

第二，亲子关系凌驾于夫妻关系之上。

一个正常的家庭中，夫妻关系应该与亲子关系平等，或是略高于亲子关系。然而，在妈宝孩的母亲们心中，亲子关系是远远高于夫妻关系的。比如，我们经常可以听到有些母亲说：

"要不是为了孩子，我早离婚了！"

"孩子就是我的全部!"

她们对配偶的注意力远低于孩子,所有的心理满足都来自孩子,几乎所有的情感需求也都从孩子身上得到满足。父母的婚姻状态直接影响孩子未来的择偶观与家庭观,良好的夫妻关系才能给孩子以良好的示范。这些为了孩子不离婚的母亲并不伟大,反而会导致孩子未来的婚恋家庭观扭曲。

在这样的环境中生长的孩子,通常无法习得正常的夫妻关系,他们长大后,即使组建了自己的家庭,也往往会"爱无能",他们不知道该如何去维系夫妻感情,于是他们会回到自己"母子共生"的关系中,逃避现实婚姻中的责任,继续当乖乖的"妈宝"。

第三,"丧偶式婚姻"关系。

很多母亲不是一开始就与孩子纠缠共生的,也不是一开始就把亲子关系凌驾于夫妻关系之上的。她们往往也是被"丧偶式婚姻"逼出来的。

什么是"丧偶式婚姻"呢?最明显的特点就是伴侣不参加家庭活动,不承担家庭义务。有不少男人在家不承担任何家庭任务,将责任推给妻子和他的妈妈。比如,有些男人下班回家就打游戏,把教育孩子、做家务等事情完全推给妻子和母亲，自己仿佛外人。当妻子长期无法从夫妻关系中获得情感交流与满足时，就会把情感需求投射到孩子身上，于是成为掌控型母亲，养出"妈宝孩"。在"丧偶式婚姻"中，母亲会由于长久付出而很难从纠缠的亲子关系中抽离，加之她们在这种亲子关系中获得了补偿性满足，那么，即使孩子长大成人，她们也不会放弃对孩子的掌控。

可以看到，在这样的"丧偶式婚姻"中，父亲本身就是个"巨婴"，是个"妈宝孩"，从而导致妻子把全部心神倾注到孩子身上，养出新的"妈宝孩"，于是"妈宝孩"代代传承，子子孙孙无穷匮。

这样纠缠共生的亲子关系中培养出的"妈宝孩"，真的会感激母亲的付出吗？

演员朱雨辰有一位"无微不至"的母亲：十年如一日每天早上四点起床熬汤、榨果汁；从上海搬去北京照顾儿子起居，跟着儿子进剧组；干扰儿子的每一段感情；监控儿子的微博，把每一条微博内容抄在本子上，一旦看到负面评论，恨不得要查出这些评论者，儿子无奈停博……

2015年，在《可凡倾听》的采访中，朱雨辰无奈地对主持人曹可凡坦言："妈妈喜欢自己误解自己，误解我，这是母爱不能承受的重。人说'己所不欲，勿施于人'，但她就是施与我！"

为了不养出"妈宝孩"，母亲们一定要反省自己是不是过多侵入了孩子的独立空间，是不是包办孩子的事情，是不是在不知不觉中产生了纠缠共生关系。父亲们也需要反省，自己是不是做得太少，而让妻子承担太多。

为了不养出"妈宝孩"，母亲要多锻炼孩子的独立能力，不要以孩子小为由，凡事一手包办。母亲要少对孩子说"你还小，不会做""你做不好，放着妈妈来"等等，以免养成孩子的依赖心。当孩子遇到困难时，母亲可以给他鼓励，但不要帮孩子解决问题，而要让孩子自己想办法克服困难。

为了不养出"妈宝孩"，母亲要在原则范围内支持孩子自己做主。母亲的作用只是提醒孩子界限在哪，而不是干涉孩子的行为。比如，孩子想出门和伙伴一起冒险，母亲事先提醒他安全问题，但不要反对他出门。当他在人际交往中产生困惑时，母亲可以给参考意见，但主要决定还是要孩子自己做出，切莫强制他能与谁交往，不能与谁交往。只有孩子有主见了，才不会成为"妈宝孩"。

12. 教会孩子感受幸福的能力

孩子的未来能不能幸福，最终并不取决于他的成绩，而是取决于他有没有感受幸福的能力。

教育家苏霍姆林斯基说过："在教学大纲和教科书中，规定了给予学生的各种知识，但没有给予学生最宝贵的东西，那就是——幸福。理想的教育是：培养真正的人，让每一个自己培养出来的人都能幸福地度过一生，这就是教育应该追求的恒久性、终极性价值。"

然而今天的学校教育并没有将"幸福"列入教学内容。"幸福"本是与孩子未来发展关系最密切、最需要学习的东西，却不在我们今天学校教育的内容范围，这实在是一件遗憾的事情。

贾樟柯在他的电影手记《贾想》里说，我们的文化中有这样一种对"苦难"的崇拜，"没有苦哪有甜"似乎已经成为我们对"幸福"的固化，以致人们常常丧失了感知幸福的能力。

正因为学校教育和长久以来的固有观念都对感知幸福的

能力较为漠视，家长才更需要在家庭教育中给孩子补上这一课，教会孩子感受幸福的能力。

要想让孩子有感受幸福的能力，我们首先要注意，在日常生活中，不要以爱的名义伤害孩子。

有一天，我在一家小吃店吃晚饭。老板娘一边手脚麻利地下面条、蒸小笼包，一边不断地冲着最里面那张桌子尖声数落："这么简单的题都能做错。你看看你到底会干什么？"

我转头朝里面望去，最里面的桌边坐着一个十来岁的小姑娘，正咬着铅笔，努力做着试卷。

老板娘接着骂她，语气更凶了："跟你说多少遍，奥数一定要好好学，考××学校能加分的！你看看你错了多少？笨得跟猪一样，你是不是不想好了！"

小姑娘眼泪快要掉下来了，还在努力看着那张试卷，手中铅笔在草稿纸上反复写算。

我忍不住劝了老板娘两句，老板娘立刻跟我抱怨，说女儿做事磨蹭、贪玩、记性差、学习不用心，一点都不听话，根本不能跟别人家孩子比。

我转头又看了一眼小姑娘，小姑娘眼泪汪汪地看着正跟外人数落她的妈妈，满眼委屈。片刻后，小姑娘又低下头，认真地对着草稿纸开始做题。

后来客人少了，老板娘闲下来，我跟老板娘又聊了一阵，劝她多看看女儿的优点，小姑娘听话、认真、乖顺、自觉，不要总是在外人面前批评她，也不要把她跟别人比。

直到我走出去很久，小姑娘那双满含委屈、难过的大眼睛仍在我眼前不断浮现。

也许是受传统的"望子成龙""望女成凤"以及"不打骂不成才"的观念影响，中国式父母常常以爱的名义任意践踏孩子的自尊与情感。他们喜欢当着别人的面责骂孩子，却不知道这对孩子的自尊是极大的伤害；他们喜欢把孩子跟别人比，却不知道只懂跟别人比的人很难幸福，让孩子懂得超越自己才是最重要的。

在功利心和金钱价值观的引导下，很多家长对孩子只有一个要求：成绩好！孩子只要成绩好，就能让家长自豪无比；一旦成绩不好，就会遭到打骂，根本感觉不到生活中幸福的细节。有些家长天天跟孩子说"为了你，我付出全部，你不好好读书对得起我吗"，导致孩子心理压力巨大，陷入无尽的痛苦，面对家长只想逃避。以至于有孩子对我说："我最怕爸妈为我付出。他们每次说为我付出多少多少，我根本不觉得感动，只觉得累，接着又因为自己不感动而觉得自己不是个好孩子，自我怀疑，更加痛苦。"

这些家长，不是不爱孩子。他们心里深爱孩子，然而做出的行为却是以爱的名义占有，以"为孩子牺牲"的名义绑架孩子，最终导致孩子感觉不到幸福，只觉得心累。

我们现在总是对孩子进行"感恩教育"，可是有很多家长感叹："再教育感恩都没用，孩子只会对家长的付出表示不耐烦，真不知道哪里出了问题。"

是的，到底哪里出了问题呢？家长们可以反思一下，孩子为什么不懂得感恩。

孩子不懂得感恩，有些时候不是因为他们真的没良心，而是他们觉得父母的付出不是"恩"，而是让他们窒息的"毒"。父母付出越多，他们越觉得累、害怕。这往往是因为父母在以爱的名义伤害孩子，而没有真正让孩子感受到温暖、平等。

想要孩子有感受幸福的能力，家长就要看到，孩子是个独立的个体；让孩子知道，家长的爱不是因为他的成绩。要让孩子知道，家长只要看到他幸福、快乐就会满足，只要看到他人品高尚、性格阳光就会高兴。让孩子在这样的爱中充满安全感与温暖感，孩子自然能感觉幸福。

让孩子学会感受幸福的能力，我们还需要让孩子懂得发现生活细节之美。一个能从生活细节中不断发现美与优点的人，才能比别人感知到更多的幸福。

这种发现生活细节美的能力虽有天生的因素，但更多的是后天影响。只有当孩子的生活体验与美的发现相联系，当发现幸福细节成为孩子生活环境的一部分时，他才能在日常生活中真真切切收获各种细小但源源不断的幸福感。而这些，都需要家长去引导。

在孩子幼年的时候，母亲是他本能依偎的对象，也是他爱与温暖的首要提供者。如果母亲经常处于负面情绪中，孩子就很难看到生活中美好的地方。因此母亲需要积极引导孩子关注生活中那些细小的美好，比如"今天太阳出来了，阳光金亮亮，美好又幸福""小草这么绿，小鸟的叫声真好听，真幸福"……如果母亲经常在孩子面前这样说，孩子也会有意识地关注身边的美好，哪怕只是楼下大树长出新叶这样的小事，也能让孩子感受到幸福的味道。

除了善于观察与发现，我们还可以给孩子设定一些他们能力范围内的目标，引导孩子完成这些力所能及的任务，或是激发他的兴趣爱好，使其体验成功的欢乐、陶醉的喜悦。比如，让孩子经常和小伙伴们玩，在家里帮父母做简单的家务,沉浸在兴趣爱好中等等。当孩子们通过自己的努力达成目标,他就会觉得生活充实,从而获得更多的满足,感受更多的幸福。

此外,生活中难免遇到不如意、不开心,母亲还需要有将不幸福转化为幸福的方法。这个方法,主要是通过"强化正面情绪"的手段,让孩子忽略记忆中不如意的事,反复强化其中开心的记忆点,从而达到淡化消极情绪,强化积极情绪的目的。

比如,带孩子去动物园的时候,孩子摔了一跤,腿受伤了,玩具也摔破了,孩子肯定会非常不高兴。面对此,母亲不必一直劝说他"没事,妈妈抱你"或是"男子汉要坚强"等等。母亲的每一次劝说,都是在强化孩子"你摔倒了,受伤了"这一不愉快事件的记忆,这只会让孩子在想起动物园之游时,将"摔倒受伤"作为记忆最深刻的事,从而留下不好的印象。

正面情绪强化的做法是母亲有意淡化"摔倒"这件事,在孩子哭闹时用语言引导他想想摔倒前后的开心事,比如"刚刚看的小熊跳舞有意思吧,妈妈觉得好玩极了"或是"猴子们跳来蹦去,真是欢乐啊"等等。如果母亲能多跟孩子讨论开心的记忆,有意淡化那些不好的记忆,孩子对幸福快乐的印象就会在无形中被强化，不愉快的印象就会淡化，从而在回忆的时候，觉得满满的都是幸福。

正面情绪强化不是阿Q式的精神胜利法，而是一种积极心理学。遇到开心的事会感到幸福，遇到不如意的事则感觉不幸福，这是人之常态。当孩子学会"正面情绪强化"的手段时，他就不仅在遇到开心的事时会感受到幸福，在遇到不如意的事时也会努力让自己变得开心，从而比一般人更能感受到幸福。

人对幸福的定义各不相同，但是幸福也是有一些共同特征的，比如有安全感、稳定感，与周围环境的融洽，人际关系的和谐等。如果家长能关注孩子的个体独立，尊重孩子，不随意践踏孩子的尊严，懂得引导孩子发现生活中幸福的细节，孩子将来自然能更加幸福快乐。

Ⅲ 父母的行为，决定孩子的未来

1. 原生家庭对孩子的影响有多大

奥地利心理学家阿尔弗蕾德·阿德勒说过一句极为著名的话：

"幸运的人，一生都在被童年治愈。不幸的人，一生都在治愈童年。"

影响孩子童年幸福感的是什么？是孩子的原生家庭。

什么是原生家庭呢？

原生家庭是与新生家庭相对而论的一个概念。原生家庭指儿女还未成婚，仍与父母生活在一起的家庭；新生家庭则指夫妻双方组成的家庭，不包括夫妻双方的父母。原生家庭是一个人出生和成长的家庭，对孩子的成长影响巨大。孩子的人际关系，以及他将来在新生家庭中的夫妻关系与亲子关系，都与他原生家庭的情况密不可分。

余华曾说：一个人的童年是决定他一生的，世界给我们的最初图像就是在这时候出现。

每个成年人大概都感受过原生家庭对自己的影响。父母强势而严厉的家庭，孩子往往不敢跳出条条框框；父母保守的家庭，孩子常常缺乏探索精神；父母冷漠或经常争吵的家庭，孩子难以与人深入交往，无论友谊还是爱情，都很难做到深入和信任对方。很多成年人遇到的困惑，源头都可以追溯到他的原生家庭。

有网站曾发起一项调研，内容是原生家庭对子女的影响。

数据显示，绝大部分参加调研者表示，原生家庭影响了自己的为人处世。其中原生家庭气氛良好的单身男女多数认为父母帮助自己建立了正向的人际交往观和婚恋观，其父母的品德、性格和感情成为他们交友、择偶时的仿效标准，且他们在交友、择偶时会主动与父母交流。另有接近一半的单身男女表示，原生家庭状况不佳、父母感情不理想，对自己为人处世和择偶都产生了负面影响。在认为原生家庭不理想的几类原因中，占比最多的是"家庭氛围不好，父母经常吵架"，其次是"父母性格强势，让人窒息"，再次是"父母对子女无特别关注，总是感觉被漠视"以及"家境不好，导致自卑"。

在这项调研中，很多人表示，父母常年责骂自己，导致自己不懂得与人良性沟通；父母关系差，导致自己与他人难以建立亲密关系，自己不愿对感情对象负责任，甚至对婚姻产生排斥和恐惧心理等。还有人表示，父母是他为人处世的反面教材，为了摆脱原生家庭带来的心理阴影，他做出了许多努力，尽管现在也很幸福，但在摆脱原生家庭影响的过程中，自己付出了太多代价，走过了太多弯路。

原生家庭的不如意到底对孩子有哪些影响呢？

第一，父母脾气暴躁，情绪难以控制的家庭，容易养出两种极端性格的孩子，一种是迟钝、胆怯、犹豫不决的孩子，另一种是暴躁、多变、易怒的孩子。

奥地利伟大的文学家卡夫卡因小说《变形记》享誉世界文坛，然而他同时也是个忧郁、孤独、胆怯的人。1919年，卡夫卡写过一封近三万字的《致父亲的信》，通过对父子关系的描写，淋漓尽致地刻画了一个暴君式家长形象，控诉了专制家长对孩子的摧残，揭示了自己忧郁性格的根源。

他在信中写道：

"我觉得，你身上有一切暴君的特征：深奥莫测，难以捉

母亲的情绪决定家庭温暖／父亲的格局决定家庭方向，

摸。那些暴君有很大的权力，这不是因为他们的思想伟大、明智，而是因为他们为人暴虐、蛮横。"

"你只会按照自己的性格、按照你自己的性格形成方式去对待孩子。你对孩子使用的，是力量、喧哗或者是勃然大怒。看来，你在这方面特别在行，因为，你就是想把我培养成一个强壮、勇敢的年轻人。"

"你无比强大，身体强壮，有很大的食欲，说起话来，声如洪钟，十分健谈，老是自鸣得意，目空一切……我是个胆小的孩子，尽管如此，我却也有犟脾气……可是我不相信，我竟会特别难以驾驭，我不相信，一句好话，悄悄地拉拉手，和蔼的一瞥竟会不能从我身上要去人们想要的一切。……出于您的天性，您只会使用威力、大叫大嚷和发脾气来对待一个孩子。"

"有一天夜里我呜呜咽咽，吵着要喝水，当然并非真的因为口渴，多半是为了怄气，部分是为了解闷。您声色俱厉，几番呵斥未能奏效，之后，您就将我从被窝里拽出来，挟到阳台上，关了房门让我一个人穿着背心在那儿站了很久。在那以后好几年，我一想到这，内心就受着痛苦的折磨。"

父亲是卡夫卡面前无法逾越的障碍，其暴君式的管教方式导致了卡夫卡性格的悲观，使得他终生感觉到苦闷、孤独、绝望。卡夫卡说："我的本质是：恐惧。"童年时父亲留下的阴影，不仅影响了他的性格，也影响了他的写作，使得他在今后的创作中，常常用变形荒诞的形象，表现被充满敌意的社会环境所包围的孤立、绝望的个人。

父母的暴躁易怒除了会养出胆怯、绝望的孩子，还会养出同样暴躁、无法控制情绪的孩子。

我们经常看到有些孩子性格冲动，难以控制自己的情绪，在人际交往中不断与他人争吵，在恋爱时分分合合甚至动手打对方，这多半是受原生家庭中父母性格的影响。如果原生家庭存在家庭暴力现象，孩子耳濡目染，成人后往往也会有一定的暴力倾向，这种暴力倾向既有可能导致他的家暴行为，也有可能变成犯罪行为。

第二，父母不懂得与他人相处、情商不高的原生家庭，容易养出社交障碍的孩子。

父母如果不懂得与人相处，则孩子也容易用戒备的心理对待周围情况，表现出本能的戒备姿态，对他人缺乏信任、为人刻薄、脾气暴躁，对周围充满敌意，不愿意乃至害怕与外人接触，孩子难以产生对他人的热爱和友善情感，不愿意听到对自己不利的信息，甚至对别人的好意也会误解和挑剔。

在处理人际关系的时候，这些孩子常常会无所适从，过分在意他人的看法，产生人际交往障碍，甚至出现社交恐惧症。此外，父母若情商不高，不懂得与人交往的艺术，孩子也容易变得说话刺耳，让人听着不舒服，在工作上很难与同事或合作方相处，也就很难取得事业上的成功。

第三，原生家庭的父母感情状态，影响孩子将来的婚恋家庭观。

弗里曼曾提及五项原生家庭的重要角色，表明原生家庭对夫妻关系的影响：

（1）人从家庭的经历中，不可能没有情感未了的需要，例如：来自没安全感家庭的，想在配偶身上找到安全感。

（2）我们择偶时是希望在情感上得到我们在原生家庭中未得到的需要，例如：父母的肯定，需要感到自己独特等。

（3）我们都带着这些未了的情感包袱，希望在新的婚姻关系或家庭中得到解决。

（4）我们在原生家庭得不到家庭的满足，就会只顾索求，没有能力为配偶付出。这看法虽然有点悲观，但是我们如果勇于面对自己原生家庭的问题，就有新的动力重新去爱。

（5）关系上的问题大多是因为原生家庭未解的结，而多于因为缺乏委身、关心和爱。这种看法或许带有谅解和盼望，当然背后不是鼓励你将埋怨归咎于原生家庭，而是鼓励你去正视家庭遗留下来的问题。

幸福学中有三个指标：满意度、满足度和愉悦感。满意度是对自己人生的期待；满足度是内心充实的程度；愉悦感则是面对事情是乐观还是悲观的态度。如果原生家庭的父母情感不好，婚姻不幸福，孩子的满意度、满足度和愉悦感就可能很低，也就很可能对婚姻抱悲观态度，觉得不幸的婚姻会给自己和未来的配偶、孩子造成伤害，因此不愿意结婚。即使结了婚，也有可能不由自主地模仿父母，造成婚姻的不幸。

我们不否认，很多原生家庭不幸福的孩子，经过不断努力（比如学习心理学知识、锻炼情商、积极调整心态等），变成了一位充满正能量的人，也有了自己幸福的家庭。这样的例子确实很多。但是我们也要看到，这样的孩子，在他获得幸福的背后，往往付出了巨大的代价。代价既包括童年的不幸福，也包括后天不断努力的心血和无数次失败的教训。

父母请记得：你是你孩子的原生家庭，你的现在影响孩子的未来。

三 父母的行为，决定孩子的未来

2. 和谐的夫妻关系铸就和谐的亲子关系

天津市家庭教育指导中心在接受市民咨询时做过一项调查："您认为夫妻关系和亲子关系哪个更重要？"结果显示，有七成被调查者认为亲子关系更重要。

前几年，我们也做过一项关于家庭成员亲密度的调查，其中有两个问题是：（1）下面角色关系中你最看重谁；（2）你在与谁的相处中花费精力最多。选项有父母、丈夫/妻子、子女、朋友、工作伙伴。前一题最多可以选择两个答案，后一题是单选题。

数据显示，在"你最看重谁"中，40%的受访者选择了父母，53%的受访者选择了丈夫/妻子，92%的受访者选择了子女，5%的受访者选择了朋友，2%的受访者选择了工作伙伴。在"与谁相处花费精力最多"中，5%的受访者选择了父母，15%选择了丈夫/妻子，1%选择朋友，8%选择了工作伙伴，71%选择了子女。

由数据可见，我们看重父母，但在父母身上花的精力甚至不如工作伙伴，我们看重丈夫/妻子，但实际花费的精力也不是特别多。唯有对孩子，无论是在"最看重的人"还是在"花费最多精力"的选择上，都占据着绝对的优势。这应该能反映目前中国大部分家庭的现状。

然而，与多数家长们设想的不一样，数据显示，并不是亲子关系高于夫妻关系，亲子关系就一定和谐，孩子就一定能觉得幸福，或是一定能更加成功。恰恰相反，和谐的夫妻关系才能铸就和谐的亲子关系。当父母认为夫妻关系先于亲子关系的时候，孩子反而会觉得更幸福，家庭氛围也更和谐，对孩子未来成长更有良性促进。

为什么想要和谐的亲子关系，必须先有和谐的夫妻关系呢？

从家庭关系上看，父亲、母亲、孩子三方就像三角形的三条边，父母关系越稳定，则孩子的安全感越强烈，那么三角形也就越稳固。

我们听过五岁的孩子对父亲呼来喝去，并十分鄙视地说："我爸爸就是个白痴，什么用处都没有的。"

孩子为什么对父亲如此蔑视？究其原因，是他的母亲一直看不起他的父亲，总是在家里骂他父亲"废物""没用"，孩子有样学样，也看不起父亲。

父亲的格局决定家庭方向，母亲的情绪决定家庭温暖

我有一个朋友，她与她爱人都是事业心特别重、特别能干的骨干人才。他们夫妻俩收入不菲，家庭条件很好，对独生女也很舍得投资，但他们的女儿胆小懦弱，一点也没有一般小孩的活泼大胆。

朋友叹气："我和她爸爸脾气都比较硬，经常吵架，有时候还会摔东西。孩子小时候还蛮活泼的，后来一看到我们吵架就害怕得哭，现在越来越胆小了。"

她老公也抱怨说，妻子总是跟他冷战，几天不说话，有时候两人闹离婚，就会轮流问孩子要选择跟谁。

朋友最后抱怨说："我虽然跟老公关系不好，但对女儿真的是尽心尽力了，可她根本跟我不亲，跟她爸也不亲，老是把自己关在房间里。我要是出差，她会不停问我什么时候回来；等我回来吧，她又不跟我多说话。也不知道为什么。"

孩子把自己关在房间里的原因很简单。父母的争吵让她害怕，她时刻觉得父母会离婚，有一方会离开她，她始终处于安全感缺少的状态，变得一方面渴望父母的爱护，另一方面又因为害怕失去父母或是担心被怒火牵连而不敢太靠近父母。

这就是夫妻关系影响亲子关系的典型案例。

可见，即使父母都把孩子当作最重要的人，努力与孩子搞好关系，但不和谐的夫妻关系依然会导致不和谐的亲子关系。究其原因，孩子在长期失衡的父母关系中会丧失安全感，产生"父母可能不要我了"的心理阴影，自然很难亲近父母。

另外，如果夫妻关系不和谐，两人喜欢相互指责，孩子也会学会推卸责任，爱找借口。在夫妻互相指责、互相说对方不好的过程中，孩子还会发现，自己的父母有如此多的缺点，也会学着父母的样子，对父母双方都不尊重，对父母都不满。

心理学上说，孩子在三岁之前，无论男女都会与妈妈的关系更亲密。从三岁开始，孩子会渐渐渴望与异性父母亲密，男孩更依恋妈妈，女孩更依恋爸爸。在这一阶段，如果父母有意无意地表露出"亲子关系高于夫妻关系"，比如让男孩觉得，在妈妈心中他比爸爸更重要；或是让女孩觉得，在爸爸心中她比妈妈更重要，孩子就可能产生"俄狄浦斯情结"。一旦产生"俄狄浦斯情结"，孩子就会过分依赖异性父母，疏远同性父母且对其缺乏敬畏心。要想让孩子顺利度过这一心理敏感期，关键是父母要表现出夫妻关系的和谐融洽，让孩子知道，虽然爸爸/妈妈很爱你，但他们更爱彼此，他们才是彼此最好的伴侣。等顺利度过这一心理敏感期，孩子与父母特别是同性父母的关系就会更上一层楼，更加亲密和谐。

若把家庭生活比作一条河流，则父母关系是"上游"，亲子关系是"下游"。上游的水清澈，下游的水才可能干净。父母在家庭生活中表现出获得成就感、满足感，父母关系和谐融洽，孩子才更容易言传身教，获得幸福。

为了拥有和谐的夫妻关系，父母首先要做到尊重对方。

我们常常说，夫妻二人"三观不合"是一件很可怕的事。什么是"三观不合"呢？妻子喜欢看书、旅行，丈夫喜欢玩游戏、宅在家，这不叫三观不合。妻子喜欢看书，丈夫说看书有什么用，你就是装文化人；妻子去旅行，丈夫说你就会花钱遭罪，干吗不好好待在家里带孩子做家务——这才是三观不合。

所以，三观不合的本质，不是观点差异大，而是不尊重对方的三观。

夫妻来自不同的家庭，肯定有不同的爱好习惯和价值观，我们不一定要彼此完全同步地迁就对方，只要尊重对方的生活习惯和价值观，就可以有和谐的夫妻关系。

为了拥有和谐的夫妻关系，父母还需要主动改变自我，以形成良性循环。

很多夫妻有这样一个误区："你如果爱我，就应该为我改变自己。你要是不肯改变，就说明你不够爱我。"这种想法本质上是自私的。你为什么不可以为对方改变呢？

当你为对方改变的时候，对方也往往会因感动而愿意为你改变，如此，夫妻关系就可以形成良性互动。

为了拥有和谐的夫妻关系，夫妻更要学会良性沟通。夫妻间有摩擦是很正常的事情，分歧和冲突本身不是大问题，关键是如何处理问题。如果能真诚沟通，绝大多数问题都可以解决；如果双方不愿沟通，分歧和冲突就会越来越严重，最终导致关系跌入冰点。

当然，夫妻之间难免争吵，不可能一直和谐美满。夫妻感情发生变化，原本相爱的人变得不再相爱；夫妻心态不成熟，在婚姻中拒绝沟通与交流——这些都是生活中常见的。现在离婚率逐年上升，单亲家庭也是很正常的，这并不意味着孩子一定会变得不幸福。在夫妻关系无法和谐或者无法继续下去的时候，我们若能做到以下几点，一样可以把父母关系对孩子的负面影响降低到最小。

第一，经常争吵的夫妻，争吵时必须避开孩子。总是当着孩子的面争吵，孩子就容易敏感、畏缩，或者暴躁易怒。如果实在没忍住在孩子面前争吵了，那么尽量做到事后弥补，就是当着孩子的面和好，并夸一夸对方，给彼此一个台阶下，让孩子觉得父母的感情不是那么差。

第二，不要在孩子面前责怪、抱怨另一半，更不要对孩子数落另一半如何不好、如何没用等等，即使离异夫妻也是如此。对着孩子说另一半的坏话，会导致孩子眼中父母形象的坍塌，导致孩子对父母的不信任乃至蔑视。这个形象坍塌，不只是被说坏话一方家长的形象坍塌，对孩子说坏话的家长也会在孩子心里形象坍塌，孩子会觉得原来我的爸爸/妈妈是个喜欢背后说人坏话的挑拨者。

第三，如果夫妻喜欢冷战，最好在双方独处时冷战，有孩子在场时请保持一定的亲密度。如果无法保证亲密度，则冷静告诉孩子，父母也是有情绪的，父母的冷战只是为了让彼此更冷静，请孩子放心，这不会影响父母对他的爱。

第四，如果夫妻感情无法维持下去，打算离婚，那么首先要告诉孩子，父母之间出了问题，这个与他没有关系，父母分开不是他的责任；另外，分手时要力求体面、和平，不要在孩子面前撕破脸，更不要把对另一半的仇恨转移到孩子身上，否则孩子会感觉痛苦。

第五，当父母离婚时，一定要告诉孩子，无论孩子选择了跟谁，父母都永远爱他，永远会给他温暖的幸福感。父母在分开之后，也不要限制孩子与另一半联系。获得父母双方的爱是孩子应有的权利。

如果能做到以上几点，即使夫妻关系不是特别和谐或者父母离婚，孩子也会觉得自己是被爱的，也会充满安全感，拥有和谐的亲子关系。

3. 什么是真正的"贵族式教养"

如今，无论走到哪里，几乎都能看见"奢华"两个字。房地产广告上大字标语"奢华""稀缺"，杂志内页广告写着"奢华""名贵"，它们用着种种描述，把奢华等同于贵族，再等同于教养。与此同时，很多家长在经济富足之后，也努力追求将孩子培养成有贵族气质的人，而他们的做法就是用奢华来堆砌孩子：衣服要名牌，鞋要名牌，手表要名牌，孩子上的各种兴趣班也都是贵族兴趣班……

可是，这样就真的能培养出孩子的"贵族精神"吗？我们看到无数个"李刚之子"，他们有奢华的生活，但是真的有"贵族式教养"吗？

把贵族精神理解为奢侈浪费，把贵族生活理解为挥金如土、花天酒地，理解为对他人的颐指气使，这都是极为错误的。这不是贵族精神，而是暴发户精神。

真正的贵族式教养绝不等于奢华，与家庭经济状态也没有必然联系。

有些经济条件较好的父母，动辄给孩子买昂贵的衣服，把孩子打扮得金光闪耀带出去炫耀，这恰好反映了家长精神上的匮乏。也有些经济条件不好的父母，时时流露出对贫穷的恐惧与羞耻感，乃至产生仇富心理，这样的家长，也反映出精神上的匮乏。这两类家长，都很难给孩子带来真正的"贵族式教养"。

相反，家境并不富足，但孩子衣服干净整齐，家长与孩子都乐观积极、善良和气、负责任、有担当，这样的孩子我们才认为拥有着"贵族式教养"。

那么，真正的"贵族式教养"到底应该是怎样的？

真正的贵族式教养，首先体现在外在的仪表上。仪表既体现在衣着的干净整齐上，又体现在一个人的精神面貌上。

有一句话是这样说的："如果世界上仅剩两碗水，一碗用来喝，一碗用来洗干净你的脸和内衣。"

这句话的意思是，一个人保证他外在的整洁，是一件十分重要的事情。外在的端正，表明了一个人内在的自律。《弟子规》里说的"冠必正，纽必结；袜与履，俱紧切"就是这个道理。文化研究学者艾丽森·卢丽也说："整洁是一种社会地位的标志，因为保持整洁既需要花费时间，又需要花费精力。"

外在是内在的表现，因此，在家庭教育的时候，父母不妨以身作则，引导孩子从内到外仪容端正、行为自律。

即使穿着一模一样的校服，有些孩子总是看起来邋里邋遢，有些孩子则看起来特别端正。仔细看看，那些看起来邋里邋遢的孩子，往往衣服不干净，或是拉链、扣子不齐，而看起来端正的孩子则衣服整洁，扣子规规矩矩扣好。

这些细节实际上都反映出父母和家庭环境对孩子的影响。

如果父母自己在家邋里邋遢，屋子也不收拾，家庭环境脏乱，那么孩子也就会受到影响，而变得不注意外形整洁。反之，父母若总是把自己和家里收拾得干干净净，则孩子也容易受到影响，变得注意自己的仪表。

此外，一个人的精气神也很重要。如果孩子总是蔫头耷脑、驼背耸肩，就容易看起来没精神、没气质，也容易影响他的心态，让他变得消极悲观。对此，父母需要时时提醒孩子抬头挺胸，让孩子看起来充满积极向上的生命力。

有人会认为，外在并不重要，一个人重要的是内在。然而我们也知道:"一屋不扫,何以扫天下?"一个人无论何时都保持清洁端正的形象,显示的是内在的自我约束能力和积极向上的精神。

因此,父母应该在外在上对孩子进行约束。在孩子小的时候,玩乐是天性,很难保证衣着的干净,父母可以要求他们昂首挺胸,不要蔫头耷脑、萎靡不振;等孩子大起来,则让他注意衣着整齐、举止端庄。

真正的贵族式教养还体现在对他人的尊重与礼貌上。

我们看到,很多家长在饭店吃饭时,对服务员呼来喝去,颐指气使。这样的家长,自己就不知道尊重他人,又怎么能影响孩子?

路易十六的皇后玛丽被判处死刑,上断头台时不小心踩到了刽子手的脚,她下意识地说了句:"对不起,先生。"

二战时,英国国王爱德华到伦敦的贫民窟进行视察,他站在一个东倒西歪的房子门口,对着里面一贫如洗的老太太,非常有礼貌地说:"请问我可以进来吗?"

无论身处何时何地,都不忘基本的教养和礼仪,他会把尊重他人的礼貌教养刻在骨子里。

想要让孩子学会尊重他人,家长首先要尊重孩子。

有一次我在饭店吃饭，邻桌一个小学生兴奋地跟他妈妈说学校给他发了个奖，妈妈问班里几个人得奖，男孩说二十几个，他妈妈脱口而出："一多半都有奖，你高兴个屁！"

男孩的脸上顿时涌现出诧异的失落，想了半天，说了一句："××和××还没得奖呢。"

我在旁边替这个男孩难过。他的喜悦被母亲以一种极不尊重的方式与极粗鲁的语言打击掉了。从今天起，他开始失去用理念构建生活的能力，此后喜悦要因比别人好而建立，愁苦则要以别人比自己差来缓解。

真正的贵族式教养更体现在对孩子的社会责任感的培养上。

著名的伊顿公学曾培养出无数有贵族精神的优秀人才。打败拿破仑的威灵顿将军，就是伊顿公学的高材生。在和拿破仑进行决战的时候，威灵顿将军冒着炮火在前线观察敌情，他的参谋多次劝他远离危险，威灵顿将军却说："告诉他们，我的遗言就是像我一样站在这里。"

英国的哈里王子在毕业后被派到阿富汗前线担任机枪手。英国皇室与哈里王子都深知前线的危险，深知做机枪手的危险，但是他们认为，为国家奉献自己是一个人的本职所在，越是贵族越是应该如此。

　　1910年10月28日，一位82岁高龄的贵族，因为看到广大穷苦百姓的苦难，而感到享受贵族生活是一种罪过。于是，他把所有的家产分给穷人，离开了他辽阔的庄园，最终像流浪汉一样死在一个荒芜的小车站。从他二十岁起，他就致力于改善底层百姓的生活，曾在自己的领地上做改革农奴制的尝试，尽管社会改革的梦想没能成功，却依然无法掩盖他的伟大与贵族精神。他就是俄国最伟大的文学家列夫·托尔斯泰。多年后，奥地利著名作家茨威格在评价托尔斯泰时这样感慨道："这种没有光彩的卑微的最后命运无损他的伟大……如果他不是为我们这些人去承受苦难，那么列夫·托尔斯泰就不可能像今天这样属于全人类……"

　　托尔斯泰曾说："我之所以是贵族，因为我从童年时代起，所有细微之处接受着高雅的教育。没有必要在任何时候，对任何人去嫉妒，或者去祈求；我们甚至都不曾知道，接受教育是为了谋得地位。"

　　一个没有社会责任感的孩子往往目光短浅，为人自私，心胸狭窄，没有远大目标，对他人、社会和祖国都感情淡漠，最终成为一个没有担当的人。培养孩子的社会责任感，不但关系到孩子能否成为一个高尚的人，还关系到孩子的长远发展。

4. 熊孩子多半有个熊家长

近几年，"熊孩子"一词频频出现在大众视野。

2014年6月，江阴市有两个熊孩子因为无聊从24楼往下抛砖头，结果砸死了一位准新娘。

2014年8月，正在8楼屋内看动画片的小男孩，因嫌楼外施工电钻声太吵，一气之下用小刀将施工者下方的安全绳割断。施工者说看到孩子割绳就马上出声喝止，但男孩还是不听，消防大队紧急出动后才将施工者安全救下。

2015年7月，西安一个11岁孩子路过一辆汽车，随手用利器划伤车身。这辆车是全球限量999台的奔驰卡尔森，车主2013年买进的时候，价值300万人民币。车主随即报警，据调查，孩子根本不是第一次做这种事，这已经是他划的第9辆车了。

2016年，北京一个姑娘在等地铁的时候吃鸡排，旁边一个小男孩对他母亲说："妈妈，我也要吃鸡排！"母亲对男孩说："你去跟那个姐姐说，让她把炸鸡排给你吃。"小男孩走过去跟姑娘说："我要吃鸡排！"姑娘没有理他。男孩上蹿下跳地嚷嚷，男孩母亲竟然冲着姑娘嘀咕："什么人啊，打扮得跟小姐一样。"随后，令人意想不到的事情发生了——列车马上就要进站了，男孩突然挣脱母亲的手，使劲推了姑娘一把。要不是路人及时抓住姑娘，姑娘将当场葬身地铁车轮下。

2017年夏天，一对中国夫妻带着6岁的儿子前往美国洛杉矶度假。飞机起飞后，熊孩子开始不断地骚扰邻座的乘客，坐立不安，上蹿下跳，还对邻座的乘客拳打脚踢……邻座忍了很长时间，经过几轮深呼吸，礼貌地向孩子的家长提出意见，希望他们能约束一下孩子的过分行为。

2018年3月，一个身高140cm的四年级男生，从背后猛推已经怀孕四个多月的孕妇，险些造成孕妇流产。当问及原因，孩子毫不在乎地说："电视上孕妇摔了会流产，我就想看看推倒她会不会也流产。"

2018年4月，一位爸爸攒了很久的钱想买辆进口车，带着儿子去4S店看车，一个没留神，10岁的儿子用手里的玩具一连划了8辆原装进口奥迪。

2018年10月，大同市云冈区某共享单车管理员在小区里收车时，发现9岁的孩子违规给车逐一上锁，于是上前拉住这个熊孩子，熊孩子却满不在乎地觉得自己没有做错任何事，拒不道歉。

......

这些新闻一次次出现在公众视野,每一次都在挑战着社会底线。

可以说,一个没有教养的熊孩子远比野熊更可怕!

这些熊孩子到底为什么这样"熊"呢?

如果你知道这些熊孩子的家长们面对熊孩子所犯恶劣事件的反应,你就知道,熊孩子到底为什么那么"熊"了。

江阴市砸死准新娘的两个孩子的家长说:"他们还是孩子啊。"

西安那个划伤300万豪车的孩子被车主拉住并报了警,当警察把孩子家长叫到派出所的时候,孩子父亲一副"我弱我有理"的口吻说:"我们家庭条件很一般,反正这样的车我们赔不起,不然你们就把他(孩子)关起来蹲监狱好了!"

因为鸡排将人推下地铁的男孩事发后被众人指责"这是谋杀",他的母亲却没有任何愧疚之情,既没有询问女孩情况,也没有向女孩道歉,反而拉着儿子匆匆挤进地铁,只剩下被推的姑娘一个人在站台边哭。

飞机上骚扰邻座乘客的孩子,在乘客提出意见后,孩子的家长非但没有制止,反而继续纵容孩子。持续了三个小时后，邻座乘客忍无可忍，再次向家长提出意见，结果孩子父亲非常不满，与乘客爆发了言语冲突，隔着坐在中间的儿子，掐住邻座乘客的脖子。幸亏周围乘客立刻劝阻，乘务人员也及时介入，事件才得以平息。

推倒孕妇的孩子被路人拦住后，孩子奶奶大吵大闹指责孕妇："他还是一个孩子，你和孩子计较什么呢？"

大同市云冈区锁住单车的熊孩子父亲李某到场后，在未做任何了解的情况下，直接动手殴打了共享单车管理员陈某。

有没有发现，这些熊孩子往往有着相似的家长——熊家长。这些熊家长自己无道德、无底线，喜欢颠倒黑白，常常用"他还是个孩子，你跟个孩子计较，你还是人吗"这样的话语来展示他撒泼的功力，浑身上下都散发着恶臭。

什么叫"他还是个孩子"？孔融四岁能让梨，司马光七岁能砸缸救人，小孩子也可以有修养有道德。不能损坏他人物品，不能伤害他人，这是三岁孩子都应该知道的事情。这些十多岁的孩子早已是半个大人了，家长却还在用"他是个孩子"来推脱，这本质上反映了家长的推卸责任与任性妄为。

孩子是家长的镜子，有恃无恐的熊孩子背后，大多站着一个不可理喻的、"巨婴"心性的熊家长。如果说熊孩子是一潭臭水,那么毫无疑问,熊家长就是污水源。

甚至,我们发现,熊家长的杀伤力比熊孩子更甚。

2018年8月,四川德阳的安医生游泳时疑似被两个十二三岁的男孩子摸臀。

安医生的老公十分气愤,要求男孩道歉,男孩不但不认错,反倒更肆无忌惮地朝着夫妻俩做鬼脸、吐口水。安医生老公气不过教育了两个男孩,却被男孩家长堵在更衣室殴打。最后双方报了警,医生老公当场向两个孩子道歉,男孩家长却不打算息事宁人,第二天闹到安医生所在医院,要求单位领导处理安医生夫妻,逼得安医生无法正常工作。此外,男孩家长还扭曲事件真相发在网上,引发暴躁偏激的网友们一窝蜂拥上去怒骂安医生及其老公,导致安医生在事发后的第五天,因不堪重负而在车内服下药物自杀,留下年幼的女儿和悲痛欲绝的亲人。

一条生命就这样消失,一个家庭就这样破碎,这背后除了显出网友的不理智与网络暴力的可怕,更显出熊孩子与其家长的恶劣。

熊家长与普通家长到底有什么不同呢?普通家长知道孩子应该管教,知道小孩子越是不懂事越需要教导;而熊孩子的家长恰恰相反,他们纵容孩子的恶,找各种借口推卸责任,认为别人都应该格外关照他家孩子。

可以说,熊孩子可怕,熊家长更可怕。不仅可怕,还可恶可憎!

可是,熊孩子及其熊家长们就真的不会受到惩罚吗?我们且看看上述部分事件的后续。

西安划伤豪车的孩子家长被判赔偿车主。

在4S店连续划伤8辆车的孩子父亲被4S店告上法庭,调解无果后,法院判决家长赔偿4S店20余万,新车也泡了汤。

在飞机上骚扰及殴打邻座乘客的一家三口没想到,飞机刚一落地,他们就被洛杉矶机场警察局、海关边防局和FBI的20多名执法人员拦在飞机口。事情调查清楚后,孩子的父亲因先动手打人涉嫌"故意伤害",于次日凌晨被洛杉矶警方强制遣返。不仅这一家子的度假彻底泡汤了,被美国驱逐出境的不良记录还将影响他们终生。

关于殴打单车管理员一事,大同市云冈区公安分局的情况通报如下:目前,根据《中华人民共和国治安管理处罚法》规定,我局依法对殴打他人的违法嫌疑人李某给予治安拘留

10 日的处罚。

爱孩子是家长的本能，但如果这种爱变成纵容，超越了对善恶黑白的分辨，就会变成一种可怕的袒护。纵观熊孩子恶性事件的背后，最不缺的就是那些叫嚷着"他只是一个孩子"的熊家长式的辩解。一个孩子小时候就敢恶意伤人且毫无悔改之意，长大了就很有可能走向犯罪，而熊家长的袒护，则会缩短孩子与犯罪之间的距离。

最后，与大家分享一些美国学校给父母的备忘录：

别溺爱我。我很清楚地知道，我不应该得到每一样我所要求的东西，我的无理要求只是在试探你。

别害怕对我保持公正的态度，这样反倒让我有安全感。

别让我养成坏习惯。在年幼的时候，我得依靠你来判断对错。

5. 让孩子的兴趣学习真正出于兴趣爱好

伟大的科学家爱因斯坦说过：兴趣是最好的老师。

培养孩子的兴趣爱好，对孩子的成长有极大益处。

兴趣可以促进孩子的大脑发育。

一个人在做他感兴趣的事情时，往往会发散思维，突破传统，独树一帜，促使大脑飞速发育，思维能力不断提升。

1981年，美国心理生物学家斯佩里博士通过著名的割裂脑实验，证实了大脑不对称性的"左右脑分工理论"，因此荣获诺贝尔生理学或医学奖。左右脑分工理论告诉我们：3岁以下的孩子，天生倾向于偏右脑思维状态，而右脑的潜能如不加以开发，会在成长中逐渐丧失。大脑的偏侧优势大约在6岁时形成。

其后，日本教育专家七田真教授通过大量的研究表明：大脑在3岁以前完成60%的发育，6岁以前完成90%，右脑在3岁以前开始发育，左脑从4岁开始发育。孩子6岁前以右脑活动为主，以后逐渐向左脑过渡。在6岁以前给予儿童必要的脑刺激和脑开发训练是非常重要的，错过这个关键期，孩子一旦成为偏脑型人，将来学习就会事倍功半。

而兴趣爱好则可以给予孩子课堂学习之外的脑刺激和脑训练，帮助孩子的大脑更好地发育。

除了促进大脑发育，兴趣还能够培养孩子的专注力。

专注力指一个人专心于某一事物或活动时的心理状态。法国生物学家乔治·居维叶说："天才，首先是专注力。"良好的专注力是大脑进行感知、记忆、思维等认识活动的基本条件。专注力缺陷，常常是许多学习困难生的共同特点。当孩子进行感兴趣的事情时，他往往会全神贯注，乐此不疲，专注力大幅提升。

孩子在兴趣学习中收获的成绩更能带给他们极大的自豪感，增强他们的自信心，使他们不断追求更好的自己。

《超级演说家》2015年亚军的获得者崔万志曾说过，因为从小身体不便，同学们都疏远他，他变得十分自卑。直到有一次，他爸爸陪他一起下象棋，他瞬间爱上了这项活动，并将之作为人生的追求。随着不断的对弈，他的棋艺越来越高，后来不仅同学赢不了他，大人也赢不了他，他也因此变得越来越自信，人缘越来越好，学习成绩也直线上升。

此外，好的兴趣爱好更像人生的良师益友，当人心情苦闷时，他的爱好便可以帮他排遣郁闷，爱因斯坦便是如此。在科学研究遇到不如意时，爱因斯坦总喜欢通过拉小提琴来纾解心情。

爱因斯坦的母亲波琳是一位富有文化修养的母亲，是爱因斯坦的音乐启蒙老师。爱因斯坦三岁那年的一天，母亲坐在钢琴前轻弹琴键，一曲结束后，母亲转头一看，小爱因斯坦正歪着脑袋，极为入迷地听曲。六岁开始，热爱莫扎特的爱因斯坦正式学习小提琴。自幼练琴的他技艺高超，即席演奏时技惊四座，曾与比利时王后伊丽莎白共同演奏四重奏，爱因斯坦担任首席小提琴手，王后担任第二小提琴手。

爱因斯坦曾说：

"如果我不是物理学家，可能会是音乐家。我整天沉浸在音乐之中，把我的生命当成乐章。我生命中大部分欢乐都来自音乐。"

"想象力比知识更重要，正是音乐赋予我无边的想象力。"

兴趣爱好对孩子发展的重要性，很多家长早已注意到，给孩子学一门"特长"也已经成了流行趋势，家长们争相给孩子报各种兴趣班，钢琴、小提琴、古筝、书法、绘画……似乎希望孩子做到十项全能。

然而，同样是兴趣学习，我们会发现，有些孩子学得无比开心，且进步神速；还有些孩子则愁眉苦脸，消极被动。

为什么会有这么大的差距呢？

除了孩子天赋有不同之外，家长的态度也至关重要。

很多家长在谈及为什么给孩子培养兴趣爱好时，出发点是"考试能加分"或者为了"拿证书，将来报考学校时有优势"。这样的教育，从本质上说是短视的。

一旦家长把陶冶情操的兴趣爱好变成功利化追求，与考试加分挂钩，能为考试加分的则学，不能加分的则不学，就容易导致孩子对所谓"兴趣"毫无兴趣，甚至反感、厌恶。这些明明毫无兴趣却不得不为了家长的期望去学钢琴、古筝的孩子，常常在考完所有级、能够中高考加分之后，再也不肯碰乐器，甚至一听到别人弹琴就反胃。这非但不能陶冶情操，反而使孩子多了一块"心病"。

父母无视孩子未来发展，一心只追求功利效益的行为，无疑是对孩子极大的伤害。

与之相反，同样是兴趣爱好学习，有远见的家长，他们的目光并不放在考级、加分上，他们希望孩子在学习的过程中发展能力，丰富心灵，培养出一门能终生陪伴他灵魂成长的真正的兴趣。比起最终的学习结果，有远见的家长更关注孩子在学习过程中是否有兴趣，是否感受到快乐，是否有收获。

曾有很多人的朋友圈被一个叫陈安可的小姑娘刷屏了。年仅6岁的陈安可凭着高超的琴技和开朗的性格快速走红网络，并登上美国NBC《小小达人秀》，连李开复都情不自禁为她点赞。

她在参加澳大利亚的一档电视节目时,曾凭借一曲高难度的钢琴曲《野蜂飞舞》震撼全场。《野蜂飞舞》是弹奏速度最快的钢琴曲目之一,而6岁的陈安可已经可以非常熟练地弹奏这首曲子,速度、力度、音准和表现力都令人称赞,因而被誉为中国钢琴神童。

无数人惊叹,这个年幼的孩子究竟为何如此优秀。

当记者采访陈安可的父亲时,安可爸爸说:"我让她去尝试学音乐,学一门乐器,只是想让她发现自己的兴趣,然后做一个有兴趣爱好的人。"

陈安可的父母并非音乐专业出身,但经常带女儿去听音乐会,每天陪她练四个小时的琴,引导她的兴趣,鼓励她坚持爱好学习,从而培养了她过人的音乐天赋。

陈安可的父母看到孩子的兴趣所在,鼓励孩子开心尝试,鼓励她寻找钢琴中的乐趣,让她从钢琴的爱好中寻找到真正的快乐之所在。因此,陈安可的演奏不是枯燥呆板的,她全身心投入到弹奏中,每一个迸发出来的音符都带着感情。音乐带给她的是享受,而非强制与束缚。

除了钢琴上的活泼表现,陈安可的乐观开朗也体现在她生活的方方面面。她喜欢自然,喜欢一切幼儿的快乐游戏,早前在《神奇的孩子》的舞台上,她活跃值爆表,与现场观众亲密互动，对一切事物都充满了好奇，引得主持人和观众都大呼"可爱极了"。

从陈安可的经历看，只有当父母真正把兴趣爱好当作"兴趣"而非"加分项目"来培养时，才能使孩子在实现梦想的同时，人格健康，性格活泼，乐观开朗。

那么，如何让孩子的兴趣学习真正出于孩子自己的兴趣爱好呢？

要想让孩子在爱好上有所进展，天赋和热爱缺一不可。如果家长硬将自己的意志强加在孩子身上，违背孩子的本愿，孩子便容易反感这项兴趣而提不起学习的积极性。因此，家长首先要学会观察，在生活中多观察孩子的特长与兴趣点，不要强迫孩子进入某一兴趣班。

此外，无论什么兴趣爱好，要想有所成就，光靠热情肯定是不够的，它必须依赖日复一日的练习。当孩子的兴趣、热情被枯燥的练习消磨，家长又该怎么做呢？

在孩子刚刚喜欢上一件事物的时候，家长先别急着给他报兴趣班学习，免得一下子面对枯燥的练习，将他的热情消耗殆尽。家长可以先"吊"着孩子，不断让孩子通过看视频或参加现场感受来观摩这项活动，直到孩子的热情越来越汹涌，乃至遏制不住喷薄而出，然后再让孩子去求师学习。

在孩子学习兴趣爱好的过程中，家长可以给孩子设定一些可达成的目标，并给孩子讲一讲这个领域中的榜样的故事，告诉孩子任何一项兴趣的学习都需要经过不懈的努力方可成功，不断引导孩子稳步前行。

6. 父母爱阅读，孩子爱阅读

古话说"腹有诗书气自华"，读书是一件从内而外带给人变化的益事。

读书和健身的道理很像。健身和不健身的人，隔一天看，没什么区别；隔一个月看，区别很小；隔五年十年看，身体和精神状态就有了巨大的差别。读书对人的改变也是如此。

我们经常说，民国是一个充满了美女的年代。但翻看遗留下来的画像，以现代人的标准，她们五官真的很美吗？恐怕并非如此。她们的美，更多的美在气质，那种饱读诗书而带来的举手投足之间的高贵气质。

正如作家三毛所说："读书多了，容颜自然改变。许多时候，自己可能以为许多看过的书籍都成过眼烟云，不复记忆，其实他们仍是潜在的。在气质里，在谈吐上，在胸襟的无涯。当然，也能显露在生活和文字中。"

读书除了能改变人的气质，更能丰富人的心灵，让人变得更高尚，更有眼界和格局，也更有修养。

诺贝尔文学奖获得者赫尔曼·黑塞在《获得教养的途径》中说："获得真正的教养最重要的途径之一，就是研读世界文学，就是逐渐地熟悉掌握各国的作家和思想家的作品，以及他们在作品中留给我们的思想、经验、象征、幻象和理想的巨大财富……领略人类所思、所求的广阔和丰盈，从而在自己与整个人类之间，建立起息息相通的生动联系，使自己的心脏随着人类心脏的跳动而跳动。这，归根到底是一切生活所赋予的意义。读书帮助我们将自己的人生变得越来越充实、高尚，越来越有意义。"

阅读是心智发展的关键因素，也是所有学习的开始。这不仅是因为阅读可以扩充人的知识与视野，改变人的气质，更因为阅读对一个人脑部的神经元发育有直接作用。心理学研究证明，缺乏阅读能力，将会阻碍和抑制脑的极其细微的连接性纤维的可塑性，使之无法顺利地保证神经元之间的联系。可见，阅读能促进大脑发育，不善阅读的人，很难善于思考。

然而，目前大量的调查数据显示，中国少年儿童的阅读存在很大的不足。

《国家语文课程标准》明确规定：小学生课外阅读总量不少于145万字，背诵优秀诗文160篇、段；初中学生要制订自己的阅读计划，广泛阅读各种类型的读物，课外阅读总量不少于260万字，每学年阅读两三部名著。按此规定，孩子在义务教育阶段大约应读完400万字课外读物，每天阅读时间至少保持一小时。

从数量和时间看，这个阅读标准并不高，然而教育部做过的多次调查数据皆显示，目前我国中小学生实际阅读量远远低于这个数字。

有人说，孩子阅读少，是因为作业多，时间不足。然而调查数据又显示，6~12岁儿童每天接触手机、电脑和电视的时间竟超过阅读时间。因此，"时间不足"的说法显然是站不住脚的。

孩子阅读不足的根本原因在于他既没有阅读兴趣，也没有阅读习惯。为什么会这样？很大一部分原因是家长没有激发他的阅读兴趣，没有培养他的阅读习惯。

我相信绝大多数家长都是充分了解阅读重要性，并且希望能培养孩子的阅读兴趣的。他们经常烦恼地抱怨，孩子真的不爱读书啊，家长劝说了多少遍，孩子就是不听。

这常常是因为，父母对孩子的阅读兴趣和阅读习惯培养无效。

这其中首要原因就是父母并没有为子女做出阅读的好榜样。

有很多家长一边不断催促孩子去看书，一边自己埋头刷手机、打游戏。这是很难培养出孩子的阅读习惯的。

家长对子女读书的影响，我们看看民国时期最有名的合肥张家四姐妹就知道了。

张家四姐妹的曾祖父张树声因帮助清廷平定叛军而获"勇敢巴图鲁"的称号，官至两广总督、直隶总督、直隶按察使。然而，张树声为人称道的不仅仅是他的战功，更是他的"儒将"之名——他爱读书，除"四书五经"外，于天文、历算、地理、兵法等皆造诣颇深，撰写过《宝带桥碑记》。张家四姐妹的父亲张冀牖继承了家中的巨额财富，却没有染上大家子弟抽鸦片、赌博、娶姨太的恶习，反而洁身自好，一生不沾烟酒，唯一的爱好就是藏书。因为担心子女受家族中陈旧积习的影响，张冀牖举家离开合肥，定居苏州。张冀牖极为重视教育，对下一代的主张是：钱就该做教育之用。张冀牖曾在苏州独资创办男校平林中学和女校乐益女中，贫苦人家的孩子一概不收学费,希望通过教育来改变中国社会。

张冀牗对读书的痴迷和教育的重视深深影响了他的孩子们,他的十个子女皆文采过人,各有所长。十个子女中最有名的"四姐妹"被誉为"最后的大家闺秀",叶圣陶曾盛赞:"九如巷张家的四个才女,谁娶了她们都会幸福一辈子。"长女元和,精昆曲,其夫顾传玠为名噪一时的昆曲名家;次女允和,擅诗书格律,其夫周有光为语言学大家、"汉语拼音之父";三女兆和毕业于中国公学部大学外语系,曾任《人民文学》杂志编辑,其夫为一代文豪沈从文;四女充和工诗词,擅书法,会丹青,通音律,执教于耶鲁大学,其夫为德裔美籍汉学家傅汉思。1930 年张家四姐妹自办家庭刊物《水》,自家人写,自家人印,自家人看,成了中国独一无二的油印家庭文学刊物。

由张家子女的经历可见,一个喜欢阅读的家长对孩子的影响是极为深远的。爱阅读的父母,思想深邃,谈吐睿智,眼界不凡,更能影响孩子。家长喜爱阅读,懂得阅读的方法,了解书籍的内容,才能指导孩子阅读,用自己的行为带动孩子。否则孩子就会下意识模仿父母,认为刷手机比看书有趣多了。

孩子的阅读习惯越早培养越好。

孩子从一岁开始就会喜欢听故事，两三岁的孩子就会对故事表现出痴迷的模样，因此，没有不爱阅读的孩子。但是孩子早期对阅读的爱好，家长常常没有及时重视，以致错过了阅读启蒙的最佳时期。

很多家长工作忙碌，家务活繁重，没空给孩子讲故事或是陪孩子阅读，只能给孩子开着电视或是手机看动画片，比如公交车上随时可见三四岁的孩子捧着手机看动画片。

这些常见的现象，实际上是在扼杀孩子的阅读兴趣。

相比不用动脑筋地看电视，阅读这类需要动脑的活动显然是"累"的。人都有趋利避害的本能，孩子也一样。再加上电视带来的刺激远胜于书籍，孩子原本可以通过阅读获得的故事满足感就会被看电视取代，渐渐对阅读失去兴趣。当孩子习惯于看电视，再想培养阅读习惯，就会十分艰难。

要想培养孩子的阅读兴趣，最理想的状态是不开电视、不玩手机，家长坚持每天陪孩子阅读绘本，给孩子讲故事。一旦孩子习惯了每天的亲子阅读，他的阅读兴趣就会大增，阅读习惯也自然培养起来，孩子就会把阅读当成与吃饭一样不可或缺的日常生活一部分。

如果家长实在没空，可以用听故事来替代。现在手机上很多 App 都可以听故事，还有一些智能小机器人可以与绘本

| 215 |

配套，陪孩子一起看绘本。就算是用手机让孩子"听书"，也比让孩子看电视要好得多。

在早期阅读兴趣培养中，家长一定要重视书籍的选择。正如作家曹文轩所说："一个人读书的兴趣应该是从童年开始的，童年中你没见到好书，你一生很难培养真正的读书兴趣。"书籍的选择对孩子的影响极大，孩子感兴趣的书远比其他书更能引发孩子阅读热情。在选择书籍时，我们要先了解每个年龄层的发展特质，根据年龄分层来选择书籍。一岁左右的孩子，父母可以选择认知图画书，以引导孩子认识世间万物；等孩子稍大一点，父母可以选择游戏图画书、故事绘本，以激发孩子的想象力；孩子上幼儿园中班以后，父母可以选择图文结合的科普读物，让孩子增长知识面，了解世界的构成。

在陪孩子阅读的时候，父母可以多多与孩子交流读书的方法和心得，鼓励孩子把书中的故事情节或具体内容复述出来，把自己的看法和观点讲出来，然后大家一起分析、讨论。经常这样做，孩子的读书兴趣就会变得更加浓厚，阅读和思考的水平也将逐步提高。

此外，如果家长发现孩子反复看同一本书，一定要鼓励他，而不是责令他多读几本其他书来增加阅读数量，或者批评他记性不好。对感兴趣的书籍反复阅读符合儿童心理发育，是儿童早期学习的主要特征。通过反复的阅读，他对书的内容会不断进行"再加工"，深化对内容的理解，强化记忆。这也是阅读兴趣逐渐增加的过程。

一个不爱阅读的人是浅薄的，一个不爱阅读的家庭是无趣的，一对不引导孩子阅读的父母是失职的。不重视孩子的阅读，是儿童早期教育中最糟糕的行为之一。

7. 别让"成绩无用论"害了孩子

知乎上有一个提问：成绩代表什么？

高赞回答是：成绩是你对一件事的努力程度。

我们承认，成绩不代表孩子的全部。孩子的性格与品质比孩子的成绩更重要，这是毋庸置疑的。一个孩子，可能人品优秀，学习也努力，可受限于天资，成绩一直难以优秀，这也是很正常的。

然而，这并不代表孩子的成绩就不重要。

事实上，孩子的成绩不但重要，而且非常重要。

两会期间，全国人大代表、辽宁省鞍山市第十三中学语文教师官启军表达了如今教育的无奈：现在衡量一个孩子是否优秀的标准，就是学习成绩好不好。

此言一出，众人皆表示赞同。

孙红雷随手转发，并且感叹：学习成绩是一切吗？愚昧！

话一出口，引起了热议。有人认同孙红雷的观点，认为看重成绩确实是愚昧的表现，觉得学习并不是最重要的；但也有人认为成绩与品质并不矛盾，提高成绩是普通人改变命运最直接、最有效的方式。

为什么官老师和孙红雷的话引起了不一样的评价呢？

可以看出，官老师不是反对成绩本身，也不是说学生可以不追求成绩，他只是无奈地反对把成绩当作衡量孩子优秀与否的唯一标准。

我们对待成绩应该持理性的态度。

成绩不是衡量孩子的唯一标准，也不是孩子将来得到幸福的最重要因素，但谁也不能否认，成绩确实非常重要，也确实对孩子的将来影响巨大。尤其是对普通家庭的普通孩子来说，成绩直接与未来相关联。即使是首富之子王思聪，也是毕业于世界顶尖名校伦敦大学学院。

2008年,来自安徽省亳州市蒙城县第二中学的19岁男生徐孟南第一次参加高考,他并没有像其他考生那样规规矩矩做题,而是在高考试卷上写下了他认为的"现行教育王国十大罪状"。他阐述了自己理想中的教育形式,并留下了考号、个人网站地址和用暗语写下的姓名。

当年的他并不是因为成绩差才选择这样做。实际上,他的成绩在班里处于中等偏上。只是,他在上了高中后看了一系列批判教育制度的书,又看到2006年零分考生蒋多多的大量相关报道,于是对现行教育体制产生了一些质疑与不满。他曾经给当地的教育主管部门、媒体以及作家写过信,阐明自己的一些教育观点,但是这些人都没有予以回应。对教育制度的不满使得他对学习本身越来越怀疑,渐渐产生了厌学情绪。最终,他决定按照自己的想法,做一个高考制度的反叛者,在高考试卷上郑重写下了满纸的"教育宣言"。他说,这样也许能引起大家的关注和重视,"改变应试教育,让大家按照兴趣选择自己的学习方向,并且增加日常生活知识的考试等等"。

他的理想是好的,然而结果并不如他所期望,高考制度并没有因此改革，而他本人则因为这张白卷，毫无疑问地得了零分，高考落榜。

尽管他因为这个0分成为网络红人，但网络走红对他的人生并没有多大改变。

因为只有高中学历，十年里他辗转四方打工，组装广告箱、造井盖、包装产品……他做过无数工作，生活极不稳定且十分辛苦。

2018年，徐孟南因为重新报名参加高考而再次走红。这次，他认真参加了安徽省普通高校分类招生考试，并被一所大专院校录取。拿到录取通知书的他表示："以后我会考虑'专升本'，圆一个大学本科梦。"

记者采访时，徐孟南表示，"成绩无用论"都是骗人的。大部分工作都有学历要求，而他因为学历屡遭失败，只能做一些初级的工作且休息时间很少；反观以前考上大学的同学，他们都有比较充裕的业余时间再自由支配，让他很羡慕。

对于十年前交白卷的行为，他说："如果当时有人劝我，我一定不会这么任性。"

你看出来没有，成绩究竟意味着什么？

优异的成绩意味着你的未来拥有更多选择的机会，不会在将来因为当年成绩不好而后悔。

家长希望孩子成绩好，不是为了家长的面子，也不是为了将来沾孩子的光，只是因为，我们不能让孩子因为贪图眼前的舒适，而在将来付出沉重代价。

龙应台在《孩子，我为什么要求你用功读书》中说：

"孩子，我要求你读书用功，不是因为我要你跟别人比成绩，而是因为，我希望你将来拥有选择的权利。选择有意义、有时间的工作，而不是被迫谋生。"

2007年漯河市高考文科状元佟亚涛于中国人民大学新闻系毕业后顺利保研，目前就职于中央人民广播电台。对于高考，出身农民家庭的他说："我还是相信读书能够让人有改变的机会，最起码能够通过努力来获得一些小的改变。"

武汉六中杨幼萍老师在高三誓师大会上说："青春不止一条路，是不急于见分晓，但是，走在前面的吃苦，走在后面的吃土……孩子们，我们不要你鞠躬尽瘁，但要全力以赴，不要你透支，但必须尽力，尽力也许并不能让你的未来无忧无虑，但是，至少会让我们的明天无怨无悔，让自己的未来更多选择，因为，真的，人生很贵，请别浪费。"

因此，我们为什么要让孩子努力？我们为什么看重孩子的成绩？

那是因为，成绩虽然不一定能让人走向人生巅峰，但它会在很大程度上避免你跌入人生低谷。优异的成绩虽然未必能让孩子过上完美的生活，但能在很大程度上改变他不如意的生活，能让孩子在将来拥有选择的机会与可能，而非被动地被生活挑拣。

成绩确实不代表一个孩子的全部，但是成绩代表着孩子有没有努力拼搏。

80后代表人物韩寒于高二退学，曾给予那些成绩平平的孩子莫大的勇气，被视作一代人反叛精神的代表。面对四起的质疑声，韩寒曾表示，不上学也能有其他作为。

韩寒确实做到了自己说的话，无论在出版、影视，还是赛车领域，他都取得了令人瞩目的成就。然而，2018年1月，韩寒却在微博中说："退学是一件很失败的事情，说明在一项挑战里不能胜任，只能退出，这不值得学习。"

网上有人针对60岁以上的老人做过一项调查：你这一生最后悔的一件事是什么？调查结果显示，75%的人为自己年轻时学习不够努力而感到后悔。

因此，在教育孩子的时候，家长固然不能只以成绩来衡量孩子，但也绝对不能给孩子灌输"成绩不重要"的思想，这是会害了孩子一辈子的。

有些家长，不是不知道学习重要、成绩重要，但他们总是过分心疼孩子，生怕孩子吃苦，一旦孩子叫嚷苦累，就会放松对孩子学习的要求。长此以往，本该不畏艰难读书学习的孩子变得好逸恶劳，学习懈怠，不能吃苦。

而一个在本该发愤努力的年纪选择安逸的人，最终会怎样？

最终往往是耽于享乐，难以自立。

之前，武汉一位 81 岁的老人向社会求助，称自己的儿子宅在家中多年，只知啃老，不肯工作。老人担心，自己去世后儿子无法独立生存。

这绝不是一件个例。

当然，家长切莫只关注孩子的分数本身，不要仅仅因为分数高低而夸奖或责骂孩子。正如知乎高赞回答所说"成绩是你对一件事的努力程度"，比起分数，家长更需要关注的是孩子的努力程度和认真态度。

人的一生是不断付出和收获的过程。老天爷给每个人一样的天赋，有人愿意付出百分之百还心存感激，有人只愿意努力百分之二十还喊累，两者的未来会有怎样的不同，不言而喻。

孩子们的天资大致相似，因此成绩从很大程度上能反映出一个孩子是否认真努力。

有孩子对家长说，自己努力了，但是成绩很差。家长问他："你仔细想想，你真的足够努力吗？你真的比那些成绩好的同学更努力吗？"

事实上，除非天资真有不足，否则一个孩子的努力程度与他的成绩是成正比的。那些强调自己"努力了"但是成绩不好的孩子，往往远远不如其他人努力。

而一个人努力的精神，又会对他未来的人生有重大影响。一个学习上不肯努力的孩子，将来在工作上全力以赴的可能性又有多少？

世上没有一蹴而就的成功，只有日积月累的努力。成绩虽然不代表一切，但成绩代表孩子的努力程度。

努力才有未来。

8. 唤醒孩子的学习内驱力

内驱力，指一个人的内在驱动力。

内驱力是孩子与生俱来的好奇心，孩子越是不断探索周围世界，了解周围世界，就越能从中得到满足。这种满足感，又会进一步强化他们的求知欲，促使他们主动学习。这就叫学习的内驱力。

很多孩子缺少学习内驱力，对学习没有兴趣，把学习当作不得不完成的"任务"，对学习表现出厌倦、冷漠、逃避的情绪，没有抱负，对自己的将来也没有期待，没有求知上进的意愿。这样的孩子，往往很难取得优异成绩。即使一时取得好成绩，也会很快就掉落下来。这不仅仅有心理原因，也有生理上的原因。

对一件事感到快乐，会使大脑释放"内啡肽"（人体内自己产生的一类内源性的具有类似吗啡作用的肽类物质，也被称之为"年轻荷尔蒙"，意指它可以帮助人保持年轻快乐的状态），它可以改变一个人的负面情绪，让人充满活力，改变对自我的认知，变得积极向上。如果孩子对学习有兴趣，能从中获得快乐，他就会在内啡肽的作用下感觉放松、欣悦，并愿意不断重复学习过程，以重复获得这种愉悦的体验。也就是说，一旦孩子具有学习内驱力，他就会有源源不断的学习动力和学习激情，就像风吹着帆船前行一样，内驱力不断推动他飞速学习。

与内驱力相对的是外驱力。

外驱力指非发自内心需求，而是出于物质奖励或家长、老师强制推动的力量。

外驱力当然在学习中也是有一定用处的，尤其在孩子小的时候，为了得到物质奖励或是畏惧家长、老师而读书，都是很正常的。但是，仅靠外驱力进行的学习，不仅效果远远不如内驱力，而且往往难以持久。

如果孩子缺乏学习内驱力，只是因为畏惧家长或老师的惩罚而被"外驱"学习，比如说很多孩子上学的理由是"爸妈逼我去"，他就会在头脑中形成"学习＝不愉快"的条件反射，从而对学习产生抗拒和厌恶。渐渐地，即使家长提高物质奖励，孩子也会无动于衷，且对家长的责罚免疫。

因此，为了让孩子始终保持学习的积极性，家长务必要唤醒孩子的学习内驱力，让孩子乐于学习，主动学习，这才是能够让孩子保持终身学习的最重要动力。

孩子为什么会缺乏学习的内驱力呢？主要原因有以下几个：

其一，缺乏学习目标，没有学习计划。没有明确的目标，人自然没有奋斗的动力，也不会从学习中收获成就感。

其二，很多孩子不知道学习的重要性。家长在物质上过于满足孩子，导致孩子觉得不学习也能过得很好，他不会觉得学习能让自己变得更美好，能改善未来的生活，只会单纯地将学习等同于家长的要求。

其三，习得性无助。"习得性无助"由美国心理学家马丁·塞利格曼及其同事提出。他们认为，当一个学生一次次参加考试，一次次地考不上父母或者自己期望的成绩，难以从学习中感受到快乐，久而久之就会对学习失去信心，甚至产生厌学情绪，于是上课开始不喜欢听讲，经常走神，有时还会扰乱课堂纪律，课后也不再认真复习功课了。他们甚至还会因此对自身产生怀疑，放弃继续尝试的勇气和信心，破罐子破摔，认为学习成绩差是因为自己智力不好，彻底丧失学习的动力。

为了唤醒孩子的学习内驱力，我们首先要为孩子树立学习目标。

《哈佛大学公开课：幸福课》讲师、以色列的本·沙哈尔教授曾说过自己的经历。

沙哈尔从小热爱打壁球，为此进行了长达五年的艰苦训练。因为运动员要严格控制体重，他连自己最喜欢的汉堡都不敢多吃。于是他发誓，等拿下全国比赛的冠军，他一定要一口气吃下四个汉堡。

怀着"吃到汉堡"的目标，沙哈尔一路奋力练习，16岁那年一举拿下以色列壁球冠军。当他第一时间冲进汉堡店买来四个汉堡并全部吃完的时候，他觉得自己并不如想象中快乐。当天晚上回到家，沙哈尔看着床头的奖杯，觉得人生似乎再没有了追求，突如其来的空虚恐惧与失去目标的怅然若失席卷而来，沙哈尔哭了。

即使是全国冠军，也会因为失去目标而丧失斗志，何况普通孩子。

教育专家研究发现，缺乏学习内驱力的原因有很多，其中，"学习目标不明确"被列为孩子缺乏学习动力的首要原因。

国内外的学习实践证明，学习目标具有导向、启动、激励、凝聚、调控、制约等多重心理作用。作为学习者，一旦明确自己应该学会什么，并确信这些内容值得一学，他们就会自觉且努力地学习。中国科学院心理研究所关于《目标设定对作业行为影响的实验研究》表明，学习目标明确的理科学生，他们的平均计算用时明显少于没有明确目标的学生。还有一些研究表明，完成同样的学习任务，学习目标明确者能比没有目标者节约六成左右的时间。

为了唤醒孩子的学习内驱力,家长一定要在学习开始前,先与孩子一起设置合适的学习目标。

什么样的学习目标才是合适的呢?

一个合适的学习目标,应该符合高低适当、明确具体的要求。高低适当,指目标不能定得过高或过低。过高的目标无法达成,容易让孩子丧失信心;过低的目标无须努力就能达到,不利于进步。合适的目标是孩子跳一跳够得着的目标,能不断拉着孩子向上走;同时合适的目标还应该清晰明确,有具体可操作性。

合适的目标最好由"长期目标"和"短期目标"共同组成,如此才能让孩子既在仰望长期目标时有不断前行的动力,又能因为一次又一次短期目标的达成而获得学习的成就感,从而乐于学习。

有些家长给孩子的学习目标是:"好好学习,考进好的大学。"这样的目标,既遥远又笼统,孩子一想,考大学还有十几年呢,自然不会现在就开始努力。这种不叫"长期目标",这种只能叫美好的愿望。

给孩子设定学习上的"长期目标",一般以半个学期或一个学期为宜,最长不超过一个学年。即使长期目标,也要内容清晰可操作，比如"一学期作文拿到三次及以上的优秀""一学期的数学考试平均分超过90""英语课本生词表里的所有单词都会默写"等等。等到学期结束，对照目标进行检查，如果达成目标，则给予奖励；如果没有达成目标，则查漏补缺，加大该门学科的投入时间。

"短期目标"可以按照周期设计。先在目标纸正上方写下本星期总体目标，比如"本周背完100个单词""期中考语文超过班级平均分十分及以上"等等。一般不要超过四条，以免难以达成。然后在下方按日期画表格，表格第一行的七个格子里依次标出日期和星期，下方格子则写下当日目标。当日目标越具体详细越好，比如"默写20个单词""写一篇日记"等。当孩子发现自己总是能完成目标，且学习确实有起色时，就会信心倍增，远离"习得性无助"。

此外，设定目标尤其是短期目标的时候，一定要留给孩子足够的休息时间，千万不能让孩子觉得任务繁多、难以完成而产生厌恶心理。

在让孩子明确了学习目标、每天都有努力的动力后，我们还需要不断激励孩子，让他觉得自己能行，优化孩子的学习情绪。

2015年，美国共和党总统候选人的第三场辩论中，共和党唯一的女性候选人卡莉·菲奥里纳凭借一句"I am Hillary's worst nightmare！"（我就是希拉里最可怕的噩梦！）而备受大家激赏。

卡莉·菲奥里纳曾任惠普公司CEO，1998年被《财富》杂志列为全球商界最有权势的女性，第二年又被任命为惠普公司的首席执行官——成为第一位执掌《财富》50强公司的女性。她在1998~2000年《财富》"全球女企业家50强"排名榜上蝉联第一。2008年，卡莉·菲奥里纳担任共和党提名的总统候选人约翰·麦凯恩的经济顾问和代理人。2009年，她被诊断出患有乳腺癌。2010年做完化疗之后，她立即投身又一次的政治角逐。

卡莉·菲奥里纳回忆，她的努力源自小时候母亲的激励：上帝给予的天赋决定你是谁，而你成为谁则是你献给上帝的礼物。

情绪具有传递性。如果孩子常常被家长激励，他就容易被家长的积极情绪感染，从而发愤学习，不断朝着目标奔跑。如果家长总是打击他，他就会丧失斗志，进而厌学。

世界上最大的后悔是：我本可以……

为了让孩子将来不后悔，家长请从现在开始就唤醒孩子的学习内驱力，让孩子一路向着更好的明天奔跑。

9. 提高孩子的学习效率

有些孩子看的书很多，知道的知识比一般人多得多，可是他不仅学习成绩不出色，连思维能力也不出众，这是为什么呢？

这可能是因为，他掌握的知识，碎片化知识远多于体系化知识。

在这个信息爆炸的年代，我们面临的困境，往往不是缺少知识，而是有限时间里遭遇无限知识导致无所适从。如果不能把知识体系化，我们在面对海量信息与知识的轰炸时，时间就会被打成碎片，人也会被信息流冲垮。

一个人，一旦把太多精力花在无用的碎片知识上，就是在浪费生命。

比如，曾有一档知识竞赛，题目是："列夫·托尔斯泰是不是阿·托尔斯泰的父亲？"当选手回答"不是"，主持人又追问："那你知道列夫·托尔斯泰有几个孩子吗？"这个问题有意思吗？选手若真能回答出来，我们也许可以夸他一句"博学"，但这种博学有什么意义呢？这种碎片知识的积累，就是在浪费一个人的生命。

哲学家尼采在《我为什么这么聪明》中说："我之所以这么聪明，是因为我从来不在不必要的事情上浪费精力。"

而把时间花在无限的知识碎片上，就是浪费精力。

知道某些问题的答案看起来很聪明，但那只是记住了答案，与一个人的思考能力无关。知识丰富和思考能力强之间是不能画等号的。

孩子一般不会像成年人这样遭遇信息轰炸，但他们也会遇到知识过载而无法消化的情况。比如，一天七节课下来，各门课的老师都传授了大量的知识，若孩子不能把这些知识有效纳入学科体系，就会因为知识碎片化而难以记忆，学习效率低下。

因此，家长可以从孩子小时候起就帮助他学会构建知识体系，通过有效的学习方法，加强他的思考能力，提升其学习效率。

孩子的知识体系分为课内和课外两大类，但其建构方式的内核是相近的，都是提纲挈领，从一门学科或者一门知识的最高处着眼，理清其脉络与分支，找到知识与知识间的关联处，将零散的知识连接成完整的知识树。

我们以课内知识为例来看。

每一门学科都有其自身特点。比如语文学科，听、说、读、写是核心要素，这四个核心要素又是以"阅读"和"写作"为重心。那么，我们可以让孩子从这两个点出发，然后结合课本，在学期开始时，分析新课本的知识要点，找到本学期所要解决的"阅读"和"写作"任务究竟是什么，明确本学期任务与前后学期知识的关联性，然后通过"学习目标"的设定，将本学期学习任务分配到每一周甚至每一天。

在每一天的学习中，我们要格外注意预习和复习的有效性。

美国认知教育心理学家奥苏贝尔于1960年提出了"先行组织者"概念。

奥苏贝尔认为，能促进有意义学习的发生和保持的最有效策略，是利用适当的引导性材料对当前所学的新内容加以定向与引导。这些具有引导性的材料可以使新、旧知识之间建立起一定的联系，进而能对新学习的内容起到牢固、吸收的作用。这种引导性材料被称为"先行组织者"，也就是我们俗称的"预习内容"。

预习可以使孩子上课的时候目标更加明确，听课的重难点更容易把握，学习的兴趣也会增加。

课后的复习也是必要的。

德国心理学家艾宾浩斯经过大量测试后，发表了著名的"遗忘曲线"规律。

研究发现，遗忘在学习之后立即开始。而且遗忘的进程并不是均匀的，最初遗忘速度很快，以后逐渐缓慢。学得的知识在一天后，如不抓紧复习，就只剩下原来的25%。随着时间的推移，遗忘的速度减慢，遗忘的数量也就减少。

根据"遗忘曲线"可知，保持记忆力的最佳办法有两条：一是及时复习，二是安排多阶段的循环复习。也就是说，当天学习的内容必须当天及时复习，这样记忆率的保持度最高；其次，还要在学习后三天和一周的时候定时复习，这样就能使记忆内容变成永久记忆。

预习和复习都对提高学习效率很有帮助。但是有些孩子的预习和复习效果并不理想，这是为什么呢？因为他们没有关注到预习和复习的重点。

预习和复习的重点不是将零碎的知识死记硬背下来，而是要将当日所学内容归入整个学科的知识树中。只有知识成体系了,才能对学科素养的提高切实有用。这种知识的体系化也许在低年级时还不明显,但越往后,效果越明显。

为了帮助孩子将所学知识体系化,家长可以教孩子学习使用思维导图来进行预习和复习。

思维导图是一种表达发散性思维的有效图形思维工具。它运用图文并重的技巧,把各级主题的关系用相互隶属与相关的层级图表现出来,用彩色的笔画在纸上。

思维导图有很多种形式,下面介绍几种比较简单实用的,供家长参考。

(1) Circle Map(圆圈图)。

圆圈图主要用来定义一件事或一个物体。它由两个大小不同的圆圈组成,里面的小圆圈填写孩子们需要描述的主题,外圈写下对这个事物的各种看法。

(2) Tree Map(树状图)。

树状图由一个个级别组成,像一棵树的伸展,树根代表主题,树杈和枝叶代表着主题的具体内容描述。树状图主要用来做分类和归纳,对于知识点的归纳整理特别有效。

(3) Bubble Map(气泡图)。

气泡图由中间的大圆形气泡与周围很多气泡组成。中间的气泡填写要描述的事物主题，外边的气泡与中间大气泡以直线相连接，通过描绘主题的深度与多样性，帮助孩子学习知识。

（4）Flow Map（流程图）。

流程图主要用来弄清事物的先后顺序。首先在空白处写好主题，然后从第一个小方框开始描绘完成这个事情所需要的每个步骤，再用箭头将这些步骤串联起来。流程图适合用来制订学习或其他计划，使孩子做事井井有条，锻炼孩子的逻辑思维能力。

（5）Multi-flow Map（复流图）。

复流图是展示、分析因果关系的一种思维导图。中间的大框描述主要事件，左侧若干小框表示导致事件发生的原因，右侧小框列举事件引起的后果，再用箭头将它们联系起来。

（6）Brace Map（括号图）。

括号图用来表述整体与局部的关系，由一个大括号与若干小括号组成，在大括号左边写上主题，之后填写每个部分的细节，可以帮助孩子理解主题与分支之间的关系。

一旦孩子习惯了每天及时整理知识，将当日所学纳入学科知识体系，那么他不仅能提高学习效率，还会在思维方式上发生深刻的改变。遇到新知识，他就不会再满足于知识碎片，而是会站在一定的高度看清这个知识的全貌，探究这个知识与其他知识间的因果关系，用系统的眼光看问题。

而一旦孩子能学会用系统的眼光看问题，他就会拥有敏锐的洞察力，看出众人看不到的深刻内涵，真正成为一个有大格局、大视野的人。

10. 别把父母的焦虑转嫁给孩子

每年都有许许多多孩子跟我抱怨：

"真的太累了！爸妈给的压力实在太大，我怎么努力也达不到他们的期望。"

"我担心极了，要是高考考砸了怎么办？一想到我爸妈的反应，就觉得快要崩溃了。"

"要是考不上985、211，我爸大概会打死我吧，我高中三年光是补课费就花了十多万。"

……

父母比孩子着急，是目前的普遍状态。我们前阵子做过的一档调研结果显示，孩子们学习的压力，主要来自父母，而非考试或老师。

为什么父母给孩子们带来了这么大的压力？

最主要的一点是，父母把自己的焦虑转嫁给了孩子。

韩剧《天空之城》讲述了四个年薪千万的家庭如何千方百计将小孩送进名校的故事，剧情残忍又真实，看得人极其扎心。

剧中四户家庭全都是处于金字塔尖的精英家庭，拥有一样的家庭模式——名校毕业的丈夫工作赚钱；同样名校毕业的妻子全职打理家庭、培养孩子；孩子们就读名校初高中。

四户人家的父母都对孩子的成绩和学历格外看重，孩子们唯一的目标就是考上最好的学校。为了达成目标，孩子们上着各种天价补习班，一刻不停地从早学到晚，所有课余时间都被填满。为了避免孩子考试时发挥失常，家长在家中放两张书桌，其中一张与考场里的一模一样；孩子的房间里有一个密闭空间，一旦孩子无法集中精神，就让他走进密闭空间……

这样的家庭教育，孩子们有何感觉呢？

孩子们对新搬来的小伙伴说："欢迎你来到地狱。"

如果你以为这只是电视剧里的浮夸剧情，你就想错了。之前的轰动新闻"博士逼疯儿子"告诉我们，这样的例子，随时会发生在我们身边。

据报道，这位博士父亲出身农村家庭，父母文化不高，博士深知学历改变命运，于是他对孩子的成绩格外关注，今天强迫孩子学这个，明天强迫孩子学那个，死死盯着孩子的成绩，一旦达不到要求就惩罚。最终，孩子不堪重负，疯了。

世界卫生组织预测，到2020年，全球儿童心理障碍还会增长50%，将成为致病、致残、致死的主要原因之一。中国青少年研究中心和共青团中央国际联络部曾发布的《中国青少年成长发展调查报告》显示，我国17岁以下青少年儿童中，约3000万人受到各种情绪障碍和行为问题困扰，其中很大一部分心理障碍来自父母带来的巨大心理压力。

父母焦虑，当然是因为爱孩子。希望孩子更优秀，希望孩子的明天更美好，所以面对孩子的拖拉、放松、马虎、成绩不够拔尖等等表现出明显的焦虑情绪，这都是家长最正常的心理反应。

然而，正常反应不代表这种做法对孩子好。

心理学上说，压力是个体对外界刺激的反应过程，适度承受压力有助于挖掘个人潜能，最大限度地发挥自身水平。压力太小，则动力不足；压力过大，长期处于高度紧张状态之中，则会产生很多消极影响。就像一个弹簧，当施压超过弹性限度后，即使撤去外压，弹簧也不会复原。

目前的常见情况是，父母过度焦虑，导致孩子压力过大，就像弹簧，常常处于超过弹性限度的状态。有些孩子长期处于严重焦虑中，时常觉得心慌气短、睡不好觉，整日忧心忡忡，甚至影响正常的学习和生活。

将自己的过度焦虑转嫁给孩子，并苛求孩子必须完美、拔尖的父母，没有考虑孩子的心理需求，只是从自己的心理需求出发，为孩子设计人生。结果，他们出于"爱"的行为，最后变成束缚孩子成长、导致孩子痛苦的"非爱"。

父母为何如此焦虑？主要原因有二。

从父母原因看，很多父母自己不再学习，完全停止成长。他们对社会的变迁感到焦虑，但自己又缺乏成长空间，觉得自己适应不了目前激烈的竞争，担心自己将被社会淘汰，但又没有能力或是没有毅力去提高自己。便将成长的压力全放到了孩子身上，把对自我的焦虑转移为对孩子的焦虑，仿佛只要培养出一个优秀的孩子，就能掩盖自己不优秀的现状。

从社会原因看，现代社会竞争越来越激烈，社会保障不足，贫富差距越来越大，学历的重要性越来越凸显，家长们担心孩子未来不够富裕,不够幸福,也导致了家长们越来越焦虑。

犹太哲学家马丁·布伯将人际关系分为两种:"我与你"和"我与它"。前者的特征是"我"将对方视为和我完全平等的一个人,后者的特征是"我"将另一个人当作了自己实现目标的对象或工具。无论目标多么伟大,当一个人将另一个人视为对象或工具时,这种关系都是"我与它"的关系。按照这一理论,当父母将自己的过度焦虑转嫁给孩子,并逼迫孩子拼命学习时,他们与孩子的关系已经是"我与它"的关系。

父母的过度焦虑真的能逼出非凡的孩子吗?

事实证明,很难。

孩子的优秀,首先应该是心理上的健康。心理健康,是指人在成长和发展过程中,认知合理、情绪稳定、行为适当、人际和谐、适应变化的一种完好状态。而被父母的过度焦虑逼迫的孩子,长期被当成父母理想的附庸,自我独立人格与心理需求不被重视,就会产生各种各样的心理问题。这些年,我们看到患抑郁症的孩子越来越多,自杀案例层出不穷,就是因为孩子的内心被焦虑充斥,到了无法看见光明的地步。

长期活在父母过度焦虑中的孩子,还会形成"外在评价系统"。"外在评价系统"是相对于"内在评价系统"的一个概念。具备"内在评价系统"的人,他对自我有较为清晰的认知,不容易被外界声音动摇,他会享受学习本身的快乐,在学习中感受到的乐趣与成就感是他努力学习的最大动机。而只拥有"外在评价系统"的人,他会忽视自我独立人格,格外在意他人评价,小时候在乎家长和老师的评价,长大了在乎其他人的评价。他做事不是为了顺应内心的需要,而是为了得到他人的好评,听从别人的指挥,失去自我独立精神。"外在评价系统"的人,很容易因为他人的评价而焦虑,很难有内心的宁静与美好。

把压力转嫁给孩子是一种"双输"局面——家长心情抑郁,对孩子的危害也大。

对此,父母们不妨做出一些改变。

首先,父母要客观面对孩子的成长。世界上的孩子千千万,你的孩子也不过是普通孩子中的一员,凭什么要求他是最优秀的那一个?只要他人格健全、心理健康阳光,我们就要为他的美好鼓掌。

其次,父母要多看到孩子的优点,不要总是拿他和别人家孩子比。孩子若总是被父母认为不如人,他的自信心和自尊心就会受到严重伤害，觉得自己无论怎样努力都达不到父母的要求，会变得越来越不自信，越来越不敢前行，越来越害怕学习。因此，在教育孩子的时候，只要鼓励他不断进步，超越过去的自己，就非常好了，不必强求他一定要比别人优秀。

再次，父母要督促自我成长。如果父母自己也在学习，也在成长，他们就不容易对适应社会产生过分恐惧和焦虑，那么孩子感受到的压力自然减少。此外，当父母把一半精力放在自我成长上，一方面父母会变得更美好，孩子也有了更好的效仿对象；另一方面父母也不会把所有时间都用来盯着孩子，孩子也有了自由呼吸的空间。

最后，我想说：

最好的孩子，是心理健康、人格高尚的孩子。

最好的教育，是尊重每位孩子个性差异的"全人格"教育。